U0558109

中央广播电视总台总经理室 主编

图书在版编目（CIP）数据

品牌强国之路 / 中央广播电视总台总经理室主编. — 北京：研究出版社, 2024. 4

ISBN 978-7-5199-1588-9

Ⅰ. ①品… Ⅱ. ①中… Ⅲ. ①品牌战略－研究－中国 Ⅳ. ①F279.23

中国国家版本馆CIP数据核字(2023)第204717号

出 品 人：陈建军
出版统筹：丁　波
责任编辑：谭晓龙

品牌强国之路
PINPAI QIANGGUO ZHILU
中央广播电视总台总经理室　主编
研究出版社 出版发行
（100006　北京市东城区灯市口大街100号华腾商务楼）
北京隆昌伟业印刷有限公司印刷　新华书店经销
2024年4月第1版　2024年4月第1次印刷
开本：710毫米 × 1000毫米　1/16　印张：13.75
字数：100千字
ISBN 978-7-5199-1588-9　定价：68.00元
电话（010）64217619　64217652（发行部）

《品牌强国之路》编委会

序

以品牌之光，照强国之路

品牌强则企业强，企业强则国家强。品牌是高质量发展的重要象征，加强品牌建设是满足人民美好生活需要的重要途径。习近平总书记高度重视中国品牌建设，多次作出重要指示，为中国品牌建设指明了前进方向、提供了根本遵循。党中央、国务院持续加强对品牌建设工作的顶层设计，提出品牌强国战略，有力推进了中国品牌的培育、创建和提升。

品牌的打造和升级，媒体一直发挥着至关重要的作用。2018 年 3 月，习近平总书记站在党和国家战略全局的高度，亲自谋划、亲自部署、亲自推进，作出组建中央广播电视总台的重大战略决策，开启了新时代广播电视事业的崭新篇章。成立以来，总台这艘当今世界体量规模最大、业务形态最多、覆盖范围最广、节目生产量最大的综合性国际传媒航母引领力、传播力、影响力持续提升，也成为中国品牌最重要的载体平台和展示窗口，成为最有影响力的品牌传播者和塑造者。

为了用国家媒体的力量助推品牌强国建设，中央广播电视总台遵照中央领导同志重要指示批示精神，联合中央有关部委、部分省区市党委宣传部、国家重大工程主导单位，以及国内知名品牌企业，于2019年8月28日正式推出“品牌强国工程”。中宣部副部长、中央广播电视总台台长兼总编辑慎海雄同志指出，作为推进高质量发展的重大战略，“品牌强国”是历史赋予我们的使命，也是新时代带给我们的机遇，中央广播电视总台必将全力以赴助推这一宏伟战略的实现，讲好中国品牌故事，传播好中国品牌文化，助力打造国家品牌名片。

“品牌强国工程”推出以来，恰逢世界经历百年变局、中国经济加速转型升级的关键时期，品牌对经济和市场的促进作用更加凸显。借助中央广播电视总台强大的引领力、传播力和影响力，“品牌强国工程”融合传播服务方案不断迭代升级，细化电视大屏传播，深化新媒体传播，为70余家中国优秀品牌提供了大屏小屏联动、线上线下共振的融媒体传播服务，搭建起企业和市场、企业和国家、企业和人民之间的沟通桥梁，持续提升中国品牌在全球的影响力、竞争力和品牌价值，推动更多中国品牌走向世界舞台、参与全球交流，以品牌建设擦亮高质量发展的“金字招牌”。

为了记录这些中国优秀品牌的成长之路，2022年以来，中央广播电视总台总经理室策划推出、央视创造传媒协助制作了《品牌强国之路》专题纪录片，用影像传递企业故事，让时间淬炼品牌价值，目前已在总台CCTV-2财经频道及央视财经、央视频、央视网、央视影音等新媒体平台圆满播出两季，引发企业界强烈关注，有效提升了“品牌强国工程”合作企业的品牌好感度。

为了让更多中国企业品牌营销人士、广告和市场营销相关专业的学者以及对品牌领域感兴趣的读者了解这些优秀品牌的独特传播策略，中央广播电视总台总经理室联合中国出版集团有限公司研究出版社，由《品牌强国之路》专题纪录片衍生，精心编制《品牌强国之路》图书，打造各个细分行业的中国品牌榜样范本。本书讲述长城汽车、格力、阿里巴巴、鲁花、华为、郎酒、金龙鱼、云南白药、中国工商银行、吉利10家企业的品牌成长故事，带领读者深入了解品牌背后的创新与变革。

高质量发展是全面建设社会主义现代化国家的首要任务，是中国式现代化的本质要求。品牌正是一股推动高质量发展、创造高品质生活的激越能量。2023年以来，在全球经济增长乏力、外部环境复杂严峻的背景下，中国经济企稳回升态势明显，“品牌强国工程”合作品牌矩阵强劲闪耀，为经济回暖提供强力支撑。我们将这些企业的品牌成长攻略汇集成书、广泛传播，正是希望启发更多优秀中国品牌做大做强，挺起中国经济的脊梁，以品牌之光，照亮强国之路，为奋进新征程和高质量发展汇聚磅礴伟力。

中央广播电视总台编务会议成员兼总经理室总经理　**彭健明**

2023年11月8日

目录

/ 品牌强国之路 /

长城汽车　向新而越

长城汽车能够成功进入欧洲，得益于董事长魏建军，一直以来要『**把品牌做到全球去**』的决心，近十年的**新能源**产业投入，终于迎来品牌形象**在国际市场中的蜕变**。

长城汽车，作为现代科技的杰出代表，不断迎接汽车产业变革的挑战，引领着中国汽车行业的崛起和飞速发展。作为民族自主品牌的长城汽车，一直伴随着中国汽车行业的进程，始终在全球市场上保持着高速奔驰的势头。

在新的国际局势下，长城汽车不满足于仅立足本土市场，而是积极进军全球市场，致力于开拓社会能源结构的新征途。这一目标的实现得益于长城汽车董事长魏建军一直以来“把品牌做到

长城汽车徐水智慧工厂

长城徐水智慧工厂坐落于河北省保定市徐水区大王店镇徐水经济开发区，总规划面积 13 平方公里，规划总产能为 75 万辆，创建了具有较强市场竞争力的资源优势。

全球去”的坚定决心。通过在海外市场 26 年的持续投入和不懈努力，长城汽车终于实现了在国际市场中品牌形象的蜕变。

长城汽车于 2022 年 10 月 17 日携带 5 款重磅新能源产品亮相巴黎车展，展现出高品质、高价值的品牌形象，让欧洲汽车市场为之一振。这一成功进军欧洲市场的举措，不仅得益于公司内部团队的紧密合作和不懈努力，更是长城汽车在产品质量上的严格把控和品牌形象转变所带来的成果。

欧洲作为汽车产业的发源地，在全球市场中拥有相当重要的话语权。长城汽车之所以能够成功获得欧洲市场的认可，关键在于公司始终将品质放在首位。从产品设计、制造到售后服务，长城汽车始终保持着严格的品控标准，确保每一款车型都符合国际标准和消费者的期待。这种对品质的执着追求，使得长城汽车在国际市场上脱颖而出，赢得

长城汽车参加2022巴黎车展

了广泛的赞誉和认可。

在面对未来的挑战时，长城汽车将继续秉持着“品质至上，服务为王”的经营理念，不断创新和进化，致力于为全球消费者提供更安全、更环保、更高品质的汽车产品，为世界汽车工业的繁荣与发展贡献自己的力量。

每周四的早上，魏建军都迅速准时出现在试车场上，这是他雷打不动的评车时间。驾驶着即将上市的新能源越野 SUV——坦克 500 PHEV，他亲自测试每个细节，确保车辆完美无缺地呈现在消费者面前。

坦克 500 PHEV 即将上市，因此在试车场上，这辆车的身影频繁出现。试车场的高速环道全长 7019 米，是一片专业的性能考验场地，最高设计平衡车速达到 240km/h。这个设计极具挑战性的环道，为汽车在高速驾驶时的耐久性、稳定性等性能提供了专业的测试空间。而对车辆要求严苛的魏建军，更是在这里挑战性能的极限，毫不畏惧地选择了试车场上最陡的 60% 坡道，对汽车的爬坡性能、传动能力等进行严格测试。

魏建军年轻时就是个驾驶技术高手，对驾驶体验一直有着极高的追求。因为车技超

长城汽车参加2022巴黎车展

魏建军试驾坦克500

群，他被誉为“保定车神”。他对车辆性能的挑剔和追求，使得长城汽车能够在竞争激烈的市场中脱颖而出。曾在2022年巴黎车展上亮相的“闪电猫”，凭借着惊人的零百加速时间和出色的制动及稳定性，赢得了魏建军的高度评价。这种极致性能的背后，是长城汽车三十余年的技术积累，以及对关键技术掌握和技术路线制定的精准把控。

在魏建军的带领下，长城汽车在不断的技术创新和性能提升中，赢得了消费者的信赖。他的挑战和要求，将长城汽车推向了一个全新的高度，为汽车科技的发展树立了典范。

多年前，魏建军就深知新能源汽车发展的关键在于混合动力技术，即先进的传动系统。为了确保在这一关键技术领域不受制于人，他决定设立专门的变速器项目组，大力加大研发投入。在这个充满挑战的领域，一个怀揣技术梦想的人进入魏建军的视野，他就是陈晓峰。2012 年，陈晓峰携着对技术的执着和信仰加入了长城汽车，开启了民族品牌的自主研发之路。

起初，面对国内没有成功先例的状况，团队对于成功研发自己的高性能变速器并没有信心。然而，魏建军和长城汽车团队并没有退缩。他们投资近 2.2 亿元，在占地 2100 平方米的国际一流变速器实验室内，进行了艰苦卓绝的研发工作。他们的努力最终结出硕果，长城汽车的最新成果——DHT 混动系统。这套系统已经成功搭载在包括哈弗 H6 DHT-PHEV 等众多新能源车型上，为用户提供了卓越的驾驶体验。

在过去的十年里，传动研究院的研发成果不胜枚举。从燃油时代的 7DCT 自动变速器，到新能源时代的 DHT、9HAT 等混动变速器，

一个企业背后没有一个强大祖国的话，企业很难发展起来。随着中国成为世界第二大经济体，西方国家对中国的认知也有了巨大转变。长城汽车会在“一带一路”倡议下，加速布局海外市场，这就是我们长城的未来。

——魏建军

长城汽车图涂装检测线

长城汽车一直站在技术创新的前沿。其中，DHT 混动系统更是中国首款，也创造了全球首次，为中国汽车企业走向世界提供了坚实支撑。身为传动研究院院长的陈晓峰，亲历并见证了整个中国汽车企业从跟随到领先的光辉历程。

在新能源车领域，电池被誉为能源的核心。为促进新能源技术的开放发展，魏建军决定将电池业务独立出来，在 2018 年创立了“蜂巢能源”。这一举措开启了一个新的时代，也为张放南等人铺平了带领蜂巢能源独立发展的道路。

在蜂巢能源成立的第三年，他们凭借着卓越的创新能力，在 2021 年中国动力电池专利公开量创新主体 TOP 20 排行榜中高居第一，拥有 878 项公开专利。这不仅是他们深入研究、了解电池技术的成果，也践行了魏建军一直秉持的理念——只有深入了解，才能制定合理且长远的技术路线。

蜂巢能源引以为傲的短刀叠片电池技术，正是在这种理念的引领下研发出来的。这项技术不仅在国内市场得到应用，而且已经成功搭载在即将销往海外的车型中。魏建军对这一创新技术赋予了极高的重视，他意识到，这一技术在推动新能源车发展中会发挥关键作用。

蜂巢能源的目标不仅仅是为长城汽车供货，更要服务更多的企业。在短短的五年时间里，他们的动力电池装机量在 2021 年以及 2022 年上半年世界排名中均跻身

长城汽车泰国罗勇新能源工厂第一万辆下线

> 现在和十年前出口汽车，是完全不同的思考维度。我们要深耕海外市场，为我们的中国汽车和中国品牌形象，做出长城自己的贡献。
>
> ——魏建军

前十。这样的跨越式发展，得益于魏建军对新能源产业的长远布局和持续投入。他的决定为公司赢得了全球市场上的竞争优势，也为新能源汽车的未来带来了更为可靠的能源保障。

在新能源汽车中，电池如同心脏，而智能系统则是大脑。智能驾驶系统代表着汽车智能化领域中的最前沿科技，其研发过程需要强大的算力和大量的道路测试以及数据采集。姜海鹏是智能驾驶系统的研发负责人，为了完善实验结果，他一次次踏上了测试的道路，不断挑战技术的极限。

长城汽车的智能驾驶研发始于十年前，是国内最早成立智能驾驶部门的车企之一。他们不断投入研发，推出了“摩卡”这款搭载最新智能辅助驾驶系统的车型，针对城市复杂的通行场景进行了精细化调校。为了确保系统的安全度和用户体验，魏建军决定亲自上路进行测试，深入了解系统的性能和反馈。

在汽车的智能化进程中，硬件体系的发展起到了关键作用。长城汽车在 2021 年科技节上发布了线控底盘，其中核心技术之一就是线

控转向。转向技术团队成立于2016年，得益于魏建军的强烈支持，近三十年深耕转向领域的专家王朝久加入了长城汽车。在王朝久的领导下，转向项目组不到三年就实现了批量生产，其产品水平达到了世界领先水平，这是智能转向行业内绝无仅有的“高效率”。这一突破性技术的成功应用，使得长城汽车在智能驾驶领域迈出了坚实的步伐，为未来的汽车科技发展指明了方向。

截至2023年，长城汽车的全球研发团队已经达到三万人，这个庞大的人才队伍背后，是企业在各项新技术领域拓展的宏

汽车生产线一景

汽车焊装生产线

伟计划和野心。其中，氢能作为一种真正零排放的能源形式，被视为促进“双碳”目标实现、减少中国在能源上依赖进口的关键路径。面对巨大的技术挑战，魏建军毫不退缩，大力投入氢能源的发展，并率先开始“制、储、运、加、应用”全产业链布局。

在这场技术革命中，崔天宇作为燃料电池发动机的技术负责人，正紧张地推进各项测试，以确保年底新一代样机的按时验收。长城汽车在氢能源开发上的投资已超过 25 亿元，并在持续追加。这些投入不仅填补了行业的空白，而且为长城汽车赢得了多项技术成果。在 2021 年，他们成功完成了全球首个 100 辆 49 吨氢能重卡应用项目，这标志着长城汽车在商用领域取得了突破。现在，随着发动机升级的新一批重卡即将完成交付，长城汽车的氢能发动机在商用领域的成功应用为整个氢能布局奠定了坚实基础。

不仅如此，长城汽车的氢能乘用车也正紧锣密鼓地准备着量产。这一系列举措表明，长城汽车不仅在氢能源领域保持着领先地位，

长城汽车在南非活动

> 我们用市场换来了资源，但是并没换来核心技术。长城在技术研发上有个口号“过度投入研发”，过度投入不是浪费，是更加长远的投入。
>
> ——魏建军

也为中国的氢能产业发展贡献着积极力量。长城汽车的未来规划中，氢能源将发挥着愈发重要的角色，为实现可持续发展和推动环保事业做出积极贡献。

长城汽车一直是新能源汽车领域的开拓者，他们选择新能源路线并非对市场变化的妥协，而是为了挑战自身，推动实现国家能源自主的宏伟目标。1990 年，年仅 26 岁的魏建军接手了长城汽车工业公司。三十多年的坚持与努力，使得当初负债累累的工厂逐渐崭露头角，长城汽车已然成为中国汽车行业的龙头企业，也将中国汽车行业带领到了全球领先的地位。

在 2022 年 11 月 21 日，长城汽车迎来了一个重要时点，第一批 300 台摩卡 PHEV 智能新能源汽车在上海港整装完毕，开始运往欧洲市场，交付给首批用户。这一“高光时刻”背后，是长城汽车凭借智能化新能源汽车，以高价值的品牌定位，向国际市场发起冲击的坚定信心。这种底气，不是一蹴而就的，而是来自三十多年以来的脚踏实地，来自每一位长城人的奋斗和汗水。

长城汽车哈弗技术中心

改革开放四十年，中国汽车行业快速发展有三十多年，刚开始，中国技术落后很多，我们这一代人，什么技术都想拥有，因为太缺了。国外总用二流技术卖给我们一流价格，所以我们特别希望在核心技术上有更多话语权。

——魏建军

正如长城汽车的核心价值观所体现的那样，他们秉持着“每天进步一点点”的信念。长城汽车早在五年甚至十年前就已经布局了未来的领域，如今这些努力正在璀璨绽放。企业是一个行业的缩影，是千万个奋斗者的集合。长城汽车的一点一滴的进步在汇集，推动着中国品牌在时代浪潮中奋勇前行，展现出了中国汽车工业的雄心与活力。

国产汽车品牌的建设在中国的经济发展和国家战略中扮演着重要角色。长城汽车的品牌发展是中国汽车行业中的典范，也体现了国产汽车品牌的成功路径。

首先，长城汽车不仅顺应国家政策，致力于新能源汽车领域的研发与生产，也在燃油车市场中持续创新，满足了多层次、多领域的消费需求。这种多元化的产品布局符合中国不断变化的市场需求，是国产汽车品牌成功的关键。

其次，长城汽车注重品质和技术创新，不断提升产品质量，赋予消费者更多的信任感。与此同时，他们在智能化、绿色环保等方面进行了前瞻性的研发，符合中国政府提出的可持续发展战略。这种与国家发展战略的高契合度，使得长城汽车的品牌更具含金量，也更具竞争力。

另外，长城汽车积极参与“一带一路”倡议，加大对海外市场的拓展。这种国际化的发展战略为中国汽车品牌的海外形象树立提供了有力支持。长城汽车的海外成功，不仅为品牌提供了更多的发展机遇，也为国产汽车树立了更加自信和开放的形象。

魏建军试驾长城汽车

我们这次去欧洲，得到欧洲消费者的充分认可。中国汽车的智能化给他们带来了全新的体验。

——魏建军

国产汽车品牌的建设需要顺应市场需求，持续创新，关注品质和技术，并与国家发展战略相契合。长城汽车作为典型代表，为中国国产汽车品牌的发展提供了宝贵经验，也为中国汽车行业的崛起注入了强大动力。

扫一扫，观看视频

格力　智造之路

珠海，三十年前以农渔业为主的东南边陲小镇。随着**改革开放**诞生着新鲜的思潮与商业，也孕育了中国南部的**制造业传奇——格力电器**。

在那个炎热的夏日清晨，广东珠海的气温迅速攀升，超过了四十度。在一家充满着烟火气息的早餐店里，一个普通的格力安装工人——吕波，开始了新的一天。他悠然享受着早餐，而后投入紧张的工作中。珠海，这个自 1980 年成为经济特区以来不断崛起的城市，承载了“格力电器”这个国民品牌发展的辉煌历程。

格力电器，是珠海制造业的骄傲，也是中国制冷技术难题的解决者。在珠海的每个角落，都

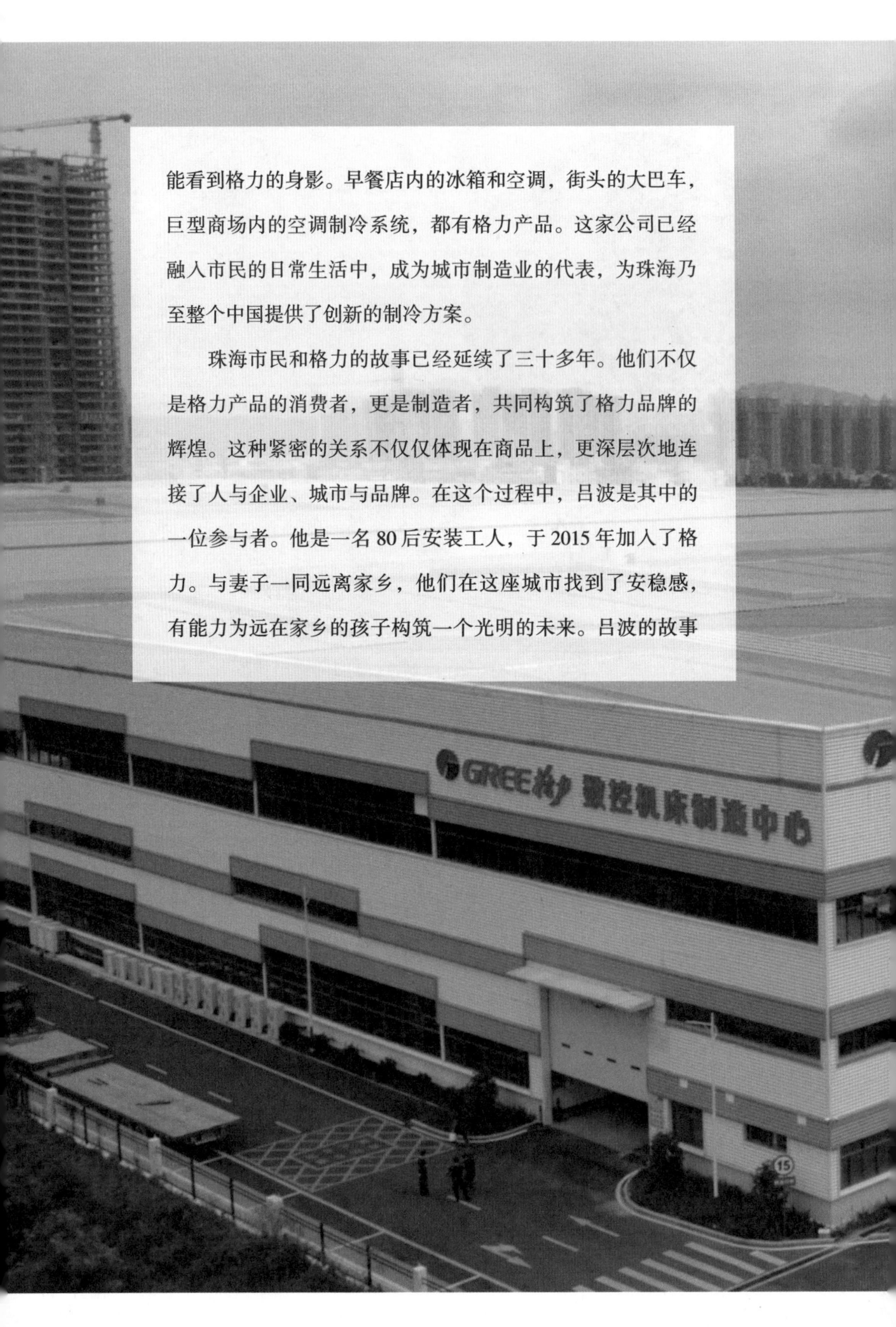

能看到格力的身影。早餐店内的冰箱和空调，街头的大巴车，巨型商场内的空调制冷系统，都有格力产品。这家公司已经融入市民的日常生活中，成为城市制造业的代表，为珠海乃至整个中国提供了创新的制冷方案。

珠海市民和格力的故事已经延续了三十多年。他们不仅是格力产品的消费者，更是制造者，共同构筑了格力品牌的辉煌。这种紧密的关系不仅仅体现在商品上，更深层次地连接了人与企业、城市与品牌。在这个过程中，吕波是其中的一位参与者。他是一名80后安装工人，于2015年加入了格力。与妻子一同远离家乡，他们在这座城市找到了安稳感，有能力为远在家乡的孩子构筑一个光明的未来。吕波的故事

格力工厂外景

不仅仅是一个人的奋斗史，更是一个企业发展史的缩影。吕波的命运与格力紧密相连，而格力的命运则与国家和时代息息相关。这种相互关联，构成了一个微妙而深刻的“城市故事”，讲述着珠海、格力和每一个奋斗者之间不可分割的纽带。

2022 年 2 月的一天，这不是一个普通的日子，而是一个备受瞩目的时刻，即将召开的 2022 年 ISO 国际

董明珠接受央视采访

为自己的家人打造一个比较好的环境，能让父母和小孩生活得好一点。哪怕自己再辛苦一点，都无所谓。

——吕波

制冷压缩机分委会年会正等待召开。格力电器董事长兼总裁董明珠女士，以她那永远充满活力的68岁身姿，再次展现了她的坚韧与果断。就像在每一个普通的日子里，我们都可以看到一个忙碌、刚毅的女企业家形象，她不仅看起来永远精力充沛，而且拥抱潮流的速度甚至比大多数年轻人都快。

这个时代，制造业正面临着严峻的挑战。近10年来，全球范围内都在面临着节能减排的巨大压力。更为棘手的是，2022年夏季，全球还遭受着极端高温的侵袭。在这个“双碳”背景下，全球制冷行业面临前所未有的难题。但正是在这样的压力下，格力电器以及董明珠女士，将以一种稳健而坚定的姿态，化解挑战，迎接未来。

他们不仅仅是为了企业的利益，更是为了世界的未来。面对这些挑战，他们不畏艰险，展现出中国智慧和中国方案的坚定力量。格力电器制定国际标准的举措，不仅仅是一个企业的行为，更是中国制造业的一次历史性飞跃，是为全球环保事业贡献力量的具体实践。在董明珠女士的领导下，格力电器将继续发挥自身优势，引领全球制冷行业的发展，为构建绿色、可持续的未来贡献更多的智慧和力量。

2022年2月，在国际标准化组织制冷和空气调节技术委员会制冷我们要走向世界，与世界共赢。

——董明珠

压缩机的实验和评定分委会（ISO/TC86/SC4）第十次全体会议上，格力电器以其卓越的技术实力再次引领了行业的发展。会议上，格力电器提出了两项领先压缩机领域的新提案《ISO NP 18501 容积式制冷压缩机性能评价》和《ISO NP 18483 离心式制冷压缩机性能评价》。

这并不仅仅是一次国际标准的制定，更是中国智慧在全球制冷领域的闪耀展现。格力电器凭借其“标准走出去，产品走出去”的战略，推动了中国建筑空调节能水平的巨大提升。他们自主研发的磁悬浮变频离心式冷水机组，不仅改写了业界对制冷性能的认知，还首次推出了单机冷量 1300 冷吨的磁悬浮变频离心机，实现了全球范围内的技术领航。

格力电器不仅仅满足于推动技术的进步，更致力于以标准推动制冷产品的节能提效，为制冷业的可持续发展贡献力量。这种坚持和创新，不仅仅代表了一个企业的发展，更是中国制冷产业在国际舞台上的光辉表现。格力电器的行动不仅为自身赢得了声誉，也为“中国制造”树立了更高的标杆，为全球制冷技术注入了强大的“中国智慧”。

在“格力董明珠店”直播间，我们目睹了一场引人入胜的直播活动。董明珠女士，格力电器的灵魂人物，与她的团队一同进行直播，展现出对这种新型销售方式的“得心应手”。然而，她所销售的不仅仅是格力传统优势产品，更是格力电器正在布局的多元化智能家电产品。

在直播中，董明珠女士分享了格力销售体系的演变和营销方式的变化。通过这种直播方式，她巧妙地引出了格力电器在消费升级背景下的多元化智慧、健康生活布局。格力电器以多元品质家电为基础，充分关注消费者智慧、便捷、舒适、健康的个性化家居需求，以极致的品质和美感为消费者打造全新家居体验。

直播中，董明珠女士与年轻员工的相处氛围展现出格力团队的热情和昂扬斗志。她简述了格力对新消费场景的理解，揭示了格力电器的最新动态和变化。同时，

董明珠在格力直播间参与直播

格力工厂内景

直播工作人员也分享了新员工入职时所面临的压力和取得的成长，从他们的视角展现格力人的成长与奋进。

格力电器电商业务统筹——朱芸聪，他是格力电器年轻一代中的佼佼者。自2020年7月加入格力以来，他从技术岗位转岗到电商，见证了格力直播业务“从零开始，逐步壮大”的转变。他的理工科出身赋予了他独特的洞察力，他看到了电商行业的发展前景，也希望能为格力找到与同行业电商具有差异化的发展路径。他不仅仅是格力的一员，更是格力电器多元化布局中的关键推动者。

在珠海格力电器工厂中，我们见证了一个多元化科技型的全球工业制造集团的壮丽景象。工厂内，“智能工厂”呈现在眼前，自动化生产设备、智能物流配送模式以及绿色项目设计，所有这些展现都彰显了先进的生产技术。珠海格力研发中心、再生资源环保处理工厂、模具生产厂、空调设备及系统运行节能国家重点实验室、消音实验室的运行方式和介绍，都让人深切感受到格力电器技术的精湛。

这些智能工厂和技术研发平台的背后，是格力电器在多元化领域的深耕与创新。董明珠女士在数据的支撑下，用“格力模式”实现了从精益求精的“工匠制造”到“智能

格力工厂内景

珠港澳大桥

制造”的转变，格力电器通过这种创新，将“零碳源”技术融入产品制造，为消费者创造出更安全、节能、舒适的品质生活。

格力电器的创新研发则成为技术和市场的引领者。在绿色高效制冷技术领域，格力电器凭借其掌握的核心技术，牢牢握住了话语权。他们不仅仅是领先者，更是践行者，引领着整个行业向绿色发展的道路上迈进。

这不仅仅是一个专业化空调企业，更是一个多元化科技型工业制造集团的转变。格力电器不断进化，将创新与技术结合，塑造出一个现代工业巨头的形象。他们的努力和成就，不仅仅代表了一个企业的崛起，更是中国制造业在全球舞台上的闪耀光芒。

2022 年 10 月，港珠澳大桥建成 4 周年，梁湖回溯了 4 年前的场景。那时，格力电器的创新技术成了港珠澳大桥珠海口岸全线设备的“保驾护航”。离心压缩机工程师梁湖，曾是参与港珠澳大桥建设的一员，他在巡查着离心岛的空调设备时，常常凝望着那座壮丽的大桥。

梁湖是格力电器的核心技术人员，他为笔者讲述了中国自主建设超级工程的壮丽历程。格力大容量高效离心式空调设备代表了中国制造业的自主创新的最新成果，它已经成为保卫蓝天、碧水和净土的关键技术之一。他的话语

> 网上有质疑说“董明珠绑架了格力”“自己代言格力，就想抬高自己”。很多明星代言的产品，结果是消费者买了以后，觉得上当受骗了。我就应该敢于站出来亮相，你买的东西有问题，找我董明珠！
>
> ——董明珠

中透露出自豪和期许，因为他亲身经历了这项伟大工程，也见证了中国制造的强大和创新。

与此同时，格力电器的董事长董明珠女士也分享了格力的“自主创新”基因和“勇于自我挑战、突破”的精神。这种精神与港珠澳大桥的建设理念不谋而合，都体现了中国企业在国际舞台上的坚持和担当。

“一桥连三地，天堑变通途。”格力电器作为大湾区的一部分，见证了这片土地的经济腾飞。他们的技术创新和发展成就，不仅是企业的成功，更是中国制造业的辉煌篇章，也是中国人民勇往直前、锐意进取的写照。梁湖是一个英勇的奋斗者，代表了千千万万中国科技工作者的辛勤付出和坚持不懈的追求。

在格力离心压缩机的远程智能服务中心，离心压缩机工程师梁湖要常常检测格力的机器的远程数据。这些数据不仅实时传输着离心机的状态，而且在公司内部进行全面观测。无论是机器的任何异常，只需短短的5秒钟，问题就能被察觉到。一旦异常出现，公司内部能在半小时内做出响应，为用户提供一种如同“管家式”的贴心服务。

这个智能服务中心背后，是格力电器在冷水机组全生产链上的卓越技术掌握。这不仅包括了产品的设计、制造、加工等环节，更是格力电器在质量控制方面的极致追求。这种全产业链的自主掌控，使得格力的产品始终保持着高质量和卓越性能，为用户提供可靠的解决方案。

而在这一连串的技术突破中，格力自主培养的年轻人扮演了关键角色。梁湖是其中的代表，他与格力结缘，见证并参与了公司的成长过程。他的经历是格力电器成功的缩影，也是中国制造业自主创新能力的象征。通过培养年轻人，格力电器不仅拥有了技术上的竞争优势，也传承了企业的创新基因，使得格力电器在空调产业的竞争中始终处于领先地位。

梁湖正在巡检机组

赵志刚在讲解“光储直柔”技术

在格力光伏小屋研究院，院长赵志刚与他的团队成员正在进行着激烈的脑力碰撞。这是一个充满创新和激情的地方，每天都充斥着科技和智慧的火花。而赵志刚，作为这个团队的领袖，代表着格力人的工匠精神和创新精神。

2012年，当国内还没有人探索光伏空调领域时，赵志刚挺身而出，开始带领格力团队进行这项前所未有的技术研发。他怀揣着攻克新技术难关的匠人精神，深刻体会到全球能源问题的严峻性。在这段日子里，他曾彻夜奋战，抱着光伏压缩机入眠，也曾为了测试而在屋顶等待每天升起的第一缕阳光。

经过团队的不懈努力，赵志刚和他的团队终于攻克了一个又一个光伏空调技术的难关。他们的努力和创新，使得这项技术在国际上首次运行，成为引领行业的典范。有人曾感叹地说："Japan 没有，China 有。" 这句话不仅是对他们团队的认可，也是对中国科技实力的赞誉。

然而，现在，赵志刚正面临着将 " 光储直柔 " 技术推广到千家万户的挑战。这是一项艰巨的任务，但他坚信，这项技术终将走向千家万户，为世界带来更绿色、更可持续的能源解决方案。他的坚持和信仰，正是中国创新力量的象征，也是格力电器在科技领域不断前行的力量源泉。

北京冬奥会速滑馆，一个名为“冰丝带”的冷源设备正稳定运行，保障着场馆内的温度和湿度。这项关键设备中，格力中标了 4 台永磁同步变频离心机，确保冰丝带持续稳定运行。这一技术的难点，不仅在维持温度稳定的同时，还成功地控制了碳排放，体现了格力电器在环保方面的责任与创新。

格力电器董事长董明珠也分享了格力的技术创新之路。她讲述了制冷式离心机技术的发展历程，从 2018 年的港珠澳大桥项目，到 2022 年的冬奥会项目，格力电器从技术被外企垄断到最终实现国产突破。这一过程不仅是新技术研发的挑战，也是中国企业不断进取、创新的历程。格力的绿色科技不仅服务于大湾区，更走向了全球，向世

> 格力这十年，我们这个技术是一代一代的在升级，这是一个自我挑战的过程。
>
> ——董明珠

界展示了中国品牌的创新力量和领先水平。

而对于个体而言，作为国家重要文体事业建设的一员，格力技术人员在冬奥会项目中的参与让他们深感自豪，同时也意识到自身在时代发展中的价值。这种自豪感和自我价值的获得，正是格力精神的具体体现，也是中国企业责任感的象征。在格力，不仅仅是技术的发展，更关心每一个员工的需求。这种人文关怀，让格力成为一个备受尊敬和信任的企业。

董明珠也分享了格力的制度革新，例如调整工作制度，实行双休、取消加班，甚至在疫情防控期间不裁员。这种关心员工福祉的做法，让每位员工感受到了家的温暖和安全感。

董明珠视察智能装备工厂

> 很多人讲“制造业属于传统行业”，错了！制造业更加具有先进性，关键在于技术和制造是否完整地建立起体系。
>
> ——董明珠

格力电器拥有庞大的研发团队，其中包括了 1.6 万名研发人员，他们是格力技术的核心力量。他们的创新和奋斗，不仅为格力电器参与标准制定提供了智慧，也在世界范围内创造了无数个世界级的技术。在大湾区的建设中，格力电器不仅是一个产业的领军者，更是一个人才培养的摇篮。这里提供了良好的发展平台，培养出了无数优秀的人才，为各个行业输送着源源不断的人才力量。格力电器的成功不仅仅在于技术创新，更在于人才的培养和关心。

在珠海的海边，阳光洒在海浪上，映照着董明珠女士的微笑。2022 年，恰好是她担任格力董事长的第十年，一个充满挑战和奋斗的十年，董明珠女士带领着格力人交出了一份令人满意的答卷。

30 年前，董明珠告别了中年时期的安逸工作，毅然南下珠海，当起了一名普通的销售员。近十年，董明珠在改革巨变的时代背景下，经历了成长与蜕变，映射出了格力的品牌奋斗历程。在她眼中，格力不仅仅是一个企业，更是一个拥有坚定信仰和不懈追求的团队。这种坚韧不拔、百折不挠的品牌精神，正是格力的愿景，也是每一位格力人所共同追求的目标。在海风的吹拂下，董明珠的目光充满自信，她知道，格力将继续前行，迎接更多的挑战，书写更加辉煌的未来。

格力工业机器人乐队

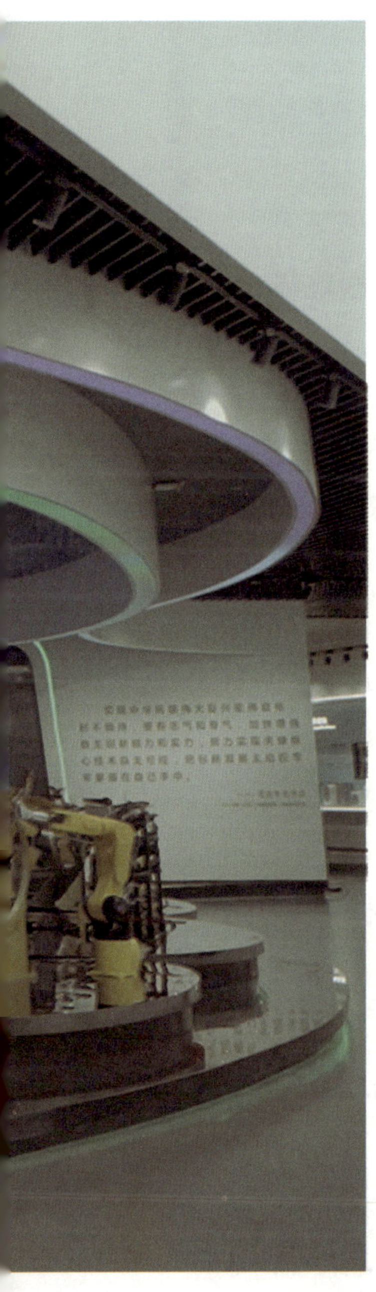

在清晨的阳光中，格力光伏小屋研究院静静地迎来了新的一天。院长赵志刚站在那里，注视着东方，等待着太阳的升起。这个时刻，也是他迎来清晨第一缕日光的时刻。这座光伏研究院，早已成为格力的科技殿堂，而今，它将受到这缕温暖的阳光的照耀。这不仅是太阳的光芒，更是格力坚持“光储直柔”技术研发的象征。在这个特殊的时刻，赵志刚院长将分享光储直柔技术的未来展望，以及格力作为企业的愿景和使命。

他所代表的不仅仅是一个科技团队，更是一个为实现清洁能源梦想而努力拼搏的集体。这个愿景，将引领格力走向更加璀璨的未来，为社会、为环境、为人类的美好生活贡献着光和热。

在格力工业机器人乐队的舞台上，机器人们灵活地演奏着动人的旋律，展现出科技的力量。这一幕背后，是中国科技型工业制

> 我们的企业要成为国家的细胞，如果每一个企业都是一个健康的细胞，这个国家就强大。
>
> ——董明珠

造在世界舞台上的全面体现。

在无数家庭的客厅里，格力空调静静运行，为家人们提供舒适的环境。这不仅是一台普通的家电，更是中国制造的骄傲，代表着格力在普通人生活中的应用和信赖。

在无数高楼大厦的顶端，格力的制冷设备为建筑物提供稳定的温度，确保工程的顺利进行。在国外的大桥项目上，格力的空调设备为工程师们提供舒适的工作环境，展现了中国制造业的卓越实力。

这一系列场景不仅展示了格力在不同领域的广泛应用，更彰显了中国制造业的崛起。董明珠说："格力的自信源于创新的底色，我们的品牌力量代表的是中国制造业的崛起，是民族自信心的建立。我们将继续努力，为世界呈现更多优秀的中国制造！"

传统制造业企业的品牌建设在中国发展战略中扮演着至关重要的角色。格力电器作为一个成功的例子，为我们提供了宝贵的经验和启示。

首先，品质至上是传统制造业企业品牌建设的核心。在格力的品牌中，产品质量一直是最重要的标志之一。通过不断提高产品质量，确保用户体验，企业能够树立起良好的口碑，赢得消费者的信赖。品质的提升需要企业在生产制造过程中严格把控每一个环节，借助先进技术和设备，不断提高产品的稳定性和可靠性。

其次，创新驱动是品牌建设的关键。传统制造业企业需要不断进行技术创新、产品创新和管理创新，以适应市场需求的变化。格力电器通过持续的研发投入，推出了一系列领先技术的产品，例如永磁变频空调、磁悬浮离心机等，这些创新成果为格力赢得了市场竞争优势，也提升了品牌的知名度和美誉度。

再次，社会责任意识是品牌建设的重要

格力工业机器人乐队

组成部分。在格力的品牌形象中，社会责任意识得到了充分体现。企业积极参与公益事业，关心环保、乡村振兴等社会议题，树立了企业良好的社会形象。在中国发展战略中，企业的社会责任承担不断受到强调，传统制造业企业通过践行社会责任，可以加深与消费者的情感连接，提升品牌忠诚度。

最后，品牌建设需要与国家发展战略相契合。传统制造业企业应该积极响应国家的发展战略，例如绿色制造、智能制造等，将企业的发展与国家发展相结合。格力电器在绿色制造、智能制造方面做出了很多努力，与国家发展战略保持同步，使得企业在市场竞争中更具竞争力。

传统制造业企业的品牌建设需要始终保持品质至上、不断创新、积极承担社会责任，并与国家发展战略相契合，这样才能在市场竞争中立于不败之地，实现可持续发展。

扫一扫，观看视频

阿里巴巴 浪潮之中 商业之上

但好在这一次，黄连将**不再是孤身一人**面对充满危机的浪涌，**阿里巴巴科技的力量**，实现了对凰图的**真实赋能**。

在杭州的晨曦中，云栖大会如期开幕，这个盛会以“浪潮之中·商业之上”为主题，每天都诞生着无数奇迹，当未来之光穿透现实，理想的种子在此发芽，杭州此刻成为奇迹和梦想的聚集地。

云栖大会，是阿里巴巴集团每年一度的科技盛事，无数源自阿里巴巴的黑科技理念，吸引了关注者们的目光。在这个大会上，阿里巴巴集团的董事局主席张勇发表了激动人心的讲话。他感慨地说：“又是一年的云栖大

2022云栖大会外景

会，非常激动。这个云栖大会因阿里而生，也因阿里的云计算而生。我们从我们的云开始，不断进步。我们走到中国的黄土地，回到普通的农村，因为技术帮扶使产业更可持续，让他们享受到技术发展的美好。”

云栖大会不仅仅是一个科技盛事，更是人们对未来生活的无限想象和认知路径的展示。在这个舞台上，无数人从不同的起点出发，走向了同一个目标。这里，科技与梦想交相辉映，成就了一个个可持续发展的奇迹。

在距离杭州 1700 公里的遥远地方，玉林博白县，阿里巴巴国际站中西部大区的云桂区域商家运营团队迎来了新的一天。陈香羽，作为这个团队的一线员工，是他们中的一员。今天，她的日程从早晨开始。

陈香羽在博白县的一处村庄里给当地的商家黄连将打了个电话，询问她的具体位置。黄连将正在进行一项传统手工艺——藤编。陈香羽与她约定了见面，她将前往黄连将所在的地方，进行采访和交流。在这次采访中，她分享了阿里巴巴国际站平台上商家的运营策略，这种交流成为加深对跨境电商的理解、促进面对面交流的重要机会。

从南宁市到博白县，陈香羽已经很熟悉

2022云栖大会内景

博白县全景

这条长达260公里的路线。博白县地处桂东南，以其丰富的编织工艺闻名，被誉为“中国编织工艺品之都”。陈香羽自幼就在这里长大，她的祖辈们都是手工艺的传承者。她深情地回忆道：“我小时候，爷爷奶奶会在山上砍竹子，然后用手工艺把它们编织成竹篮。”这种编织技艺在当地被称为博白芒竹编织，因其精美、自然而古朴的特点，已被列入广西非物质文化遗产。这项技艺也成为当地重要的产业之一，吸引了众多手艺人的加入，其中就包括了黄连将。

在采访中，陈香羽和黄连将一起展示了藤编的制作过程。他们用手去破解竹片，讨论着尺寸和宽度。黄连将细致地解释着技艺的难点，陈香羽则耐心地向她请教。这种手艺的传承不仅需要技术的传授，更需要耐心和毅力。他们一步一步地教授，熟练地演示，为了将这门技艺传承给更多人，他们决心继续努力。

这是一个充满传统文化和现代科技结合的场景，也是一个人与人之间交流与学习的时刻。陈香羽，作为阿里巴巴国际站中的一员，不仅仅是一名商家运营人员，更是一个文化传承者，一个携手合作、共同发展的伙伴。在这个小小的村庄里，传统与现代交汇，形成了一幅和谐共生的画卷。

黄连将的公司与阿里巴巴合作已有十年，他们的产品丰富多样，以藤编工艺品闻名。回忆起初次合作时的情景，黄连将笑着

博白芒竹编织现场

博白芒竹编织品

说：“你记得吗，刚开始的时候，各种产品都往里塞，一团混乱。”他们共同经历了从最初一个小桌子、一台电脑的内贸业务，到疫情暴发后的销售危机。

疫情带来了前所未有的挑战，堆积如山的产品无人问津，公司面临着极大的压力。然而，在这个危急时刻，阿里巴巴为凰图公司提供了宝贵的支持。通过精准的数据分析和产品定位，他们开发了一款特制的藤编面包发酵篮，满足了海外市场的需求。陈香羽回忆道：“在疫情防控期间，海外买家喜欢自

> 就是可能没有做电商的人，应该是没有这么敏感，但是我们做电商的人就会去发现这个是一个机会，有可能我们因为这个活下来了。
>
> ——黄连将

制小面包，我们通过阿里国际站的数据管家，准确地对接了市场需求，接到了近千万的大订单。”

然而，如何应对庞大的订单量成了新的挑战。凰图公司决定让更多人参与生产。他们转向了当地丰富的编织工艺传统，积极培训村民，扩大生产规模。黄连将描述着他们一天天辗转各个村庄，进行试错和磨合，最终将面包篮的产量提高到每天四千个。他们的产品销往世界各地，成为公司的爆款产品。

陈香羽认为，跨境电商并非简单的个人用户端生意，而是一个需要企业用户端参与的国际生意。只有解决了店铺上线、流量提升和整体效果提升等问题，才能使中小企业与世界接轨。在这段跌宕起伏的发展历程中，阿里巴巴的支持不仅仅是商业合作，更是帮助这些企业实现了“从危机到机遇”的华丽转身。这个充满挑战的旅程，也因此变得更为美好、令人期待。

在这个遥远的角落，阿里巴巴将先进科技与前沿理念融入了基层商户的生活。村口，曾是村庄的出入口，如今已变成数字化的通往国际市场的门户。这种变革不仅实现了让世界缩小，生意变得更广阔的目标，也将当地农民的剩余生产力释放出来。博白县编织品这张“非遗名片”，终于得以转化为带动全县经济发展的真正推动力。阿里巴巴与合作伙伴们共同创造的商业共赢，在这一刻，超越了商业本身，创造出了一种更高尚、更有意义的价值。

为了让传统手工艺品重新焕发生机，黄连将和陈香羽走访了当地的老百姓。在与一位老奶奶交流时，她坚定地表示，只要有时间，就愿意继续编制编织品。这种执着和热爱感染了陈香羽。她深深感受到这片土地上的人们对工艺的热爱。阿里的事业不仅仅意味着商家挣到了钱，更是让这片土地上的农户们得到了增收，找到了精神归属。传统的工艺品也得以走向世界，成了文化的传承者。

黄连将深知这些编织户是商业社会中相对弱势的群体。她不仅希

陈香羽走访编织企业生产现场

望通过生意挣钱，也愿意为上千位编织工提供微薄的就业机会，提供一份工作、一份寄托。在他看来，让这些人过上幸福快乐的生活，比单纯挣钱更有意义。这种价值观的传递和实践，使得阿里巴巴的使命不再局限于商业领域，而是融入了社会责任和文化传承，使每个人的生活都因此变得更加美好、有意义。

在这个科技飞速发展的时代，跨境电商面临着一个严峻的挑战：语言壁垒。然而，阿里巴巴“达摩院”的工程师们成了这个挑战的破题者。他们借助先进的技术，搭建了一个强大的语言翻译系统，为阿里巴巴的跨境电商平台解决了语言问题。这个系统支持超过二百种语言的翻译，不仅仅是简单的文字转换，还考虑到了不同国家的文化和习惯差异，确保用户体验达到最佳状态。

阿里“达摩院”工程师展示翻译系统

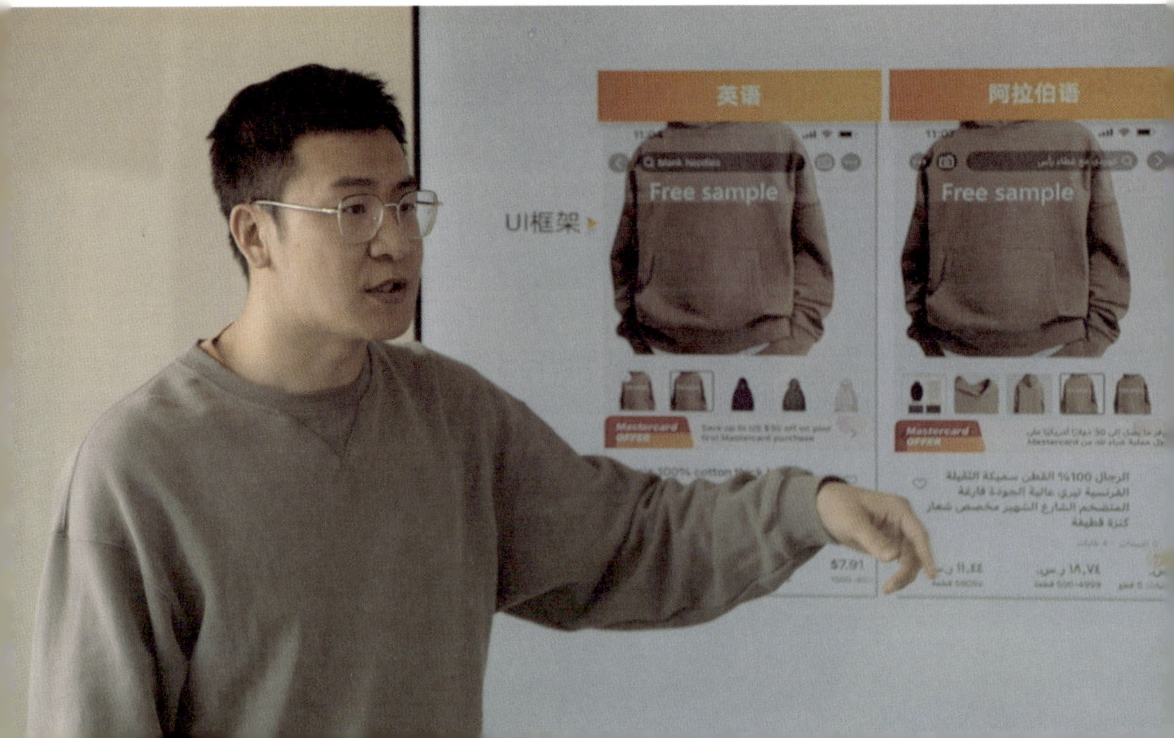

> 其实我也是从山村里面出来的，小时候，我的爷爷会去山上砍竹子，然后把竹子编成竹篮。在当地来说，这是重要的非物质文化遗产。
>
> ——陈香羽

这个翻译系统的出现，不仅降低了中小微企业走向世界市场的门槛，也在改变传统的商业规则。技术的力量正在推动商业模式的进一步发展，每一行代码、每一个基础数据，都在为商业世界的未来添砖加瓦。然而，随着交易规模的增大，提高交易效率成为下一个挑战。阿里的工程师们正在攻克这个难题，努力寻找更高效的解决方案，推动跨境电商的发展步伐。

在阿里巴巴的创新中，虚拟现实技术也得到了应用。他们开发了一款虚拟现实产品，企业可以在这个线上展厅中展示他们的产品和整体情况。买家可以通过虚拟现实体验，仿佛置身于实体店铺中，感受产品的立体效果。这种身临其境的体验，为商业交易增添了更加生动和真实的感觉，使得商家和买家之间的沟通更加直观和高效。阿里巴巴的不断创新，正在引领着跨境电商的未来发展方向。

在阿里巴巴举办的云栖大会上，阿里巴巴集团的董事局主席张勇表达了阿里巴巴在技术创新方面的使命。他强调，阿里巴巴不仅仅追求技术的先进性，更希望利用自身平台的影响力，助力各行各业在社

> 阿里巴巴的技术责任，首先是去追求技术的先进性，同时也用阿里这样的一个平台，在中小企业各自的赛道上能够助力他们，为社会发展担当更大的责任。
>
> ——张勇

会发展中扮演更大的角色。阿里巴巴不仅充分发挥技术力量和创新能力，还利用阿里巴巴人的集体智慧，尤其是技术人才的力量，为社会带来更多价值。

阿里巴巴通过技术创新，成功打破了时空和文化的障碍。这使得像黄连将这样的中小微企业能够以极低的交易成本进行外贸交易，并且与世界各地的市场进行畅通沟通，为自己的企业找到商机。然而，这只是阿里巴巴帮助企业的第一步。

阿里巴巴不仅关注买家端，也深入企业的老板端。他们帮助企业制定企业文化和薪酬体系，为企业提供全方位的支持。黄连将深受阿里巴巴的影响，参加了阿里的中西商学院学习班。她深刻地认识到，在阿里的帮助下，她的企业有了更清晰的发展方向。在阿里巴巴的帮助下，黄连将的新厂房即将建成并投产。她的前途变得一片光明，也有了更多开拓市场的勇气和能量。

在参观新厂房时，黄连将充满自豪地介绍说，新厂房每层面积达到 2700 平方米，总共有五千多平方米。他们还计划将厂房地下挖深，以便车辆能够直接进入，方便货物的装载和运输。黄连将充满信心地表示，他们的目标是在 2024 年实现 1 个亿的销售目标。这一切得益于阿里巴巴的支持和帮助，使得他们能够不断壮大，开创更加美好的未来。

在阿里巴巴的引领下，电商平台不仅仅是一个技术支持的提供者，更是一个在茁壮成长企业的创新平台。每一天，技术和理念随着时间的推移不断升级更新，时间的维度也因为这些创新而被无限扩宽。即便夜幕降临，凰图公司的电商平台也没有停歇，而是开启了另一个全新的挑战。

通过阿里巴巴的技术手段，凰图开辟了跨境电商的多种销售渠道，其中直播销售成为他们新的销售出口。在这个充满竞争与机遇的时代，

陈香羽与黄连将沟通网店建设工作

他们再次面临商机与挑战共存的局面。

跨境直播销售面临着与国内直播不同的挑战，尤其是时差问题。陈香羽坦言，全球直播的时差相当明显，可能在凌晨两点或者五点进行直播。黄连将也提到，她的口语表达并不流利，但他并不在乎。在第一场直播中，她只说了篮子的名称，就是“水果篮子”，只用了几个字，其他的都无法表达。她告诉团队，“开始”是最重要的，讲得好不好并不重要。

在直播中，黄连将和团队展示了多款产品，用简单的语言进行介绍。他们强调，所有展示的产品都有现货，客户可以根据自己的喜好选择。黄连将的直播之路固然面临着许多挑战，例如时差、语言障碍、直播技巧等等，但幸运的是，她从未孤单。阿里巴巴一直在全力支持

陈香羽走访编织企业生产现场

着她，为凰图的电商平台注入了新的活力。这段旅程或许充满阵痛和尴尬，但凰图的电商平台在阿里巴巴的帮助下，迎来了崭新的希望与机遇。

在全球众多国家之间，文化差异是相当显著的。在这种情况下，阿里的平台数据为卖家提供了精准定位的建议，包括流量端口、数据选品端口以及国家助推端口。通过这些建议，卖家能够准确地找到相应海外买家群体的定位。

在每次直播结束后，黄连将和团队都要进行复盘，讨论今天直播中的亮点和不足之处。比如场景营销中可以增加互动点。例如展示竹子制品，可以加入熊猫的元素，因为老外对熊猫和竹子的联系有认知。再例如在探讨户外篮的时候，可以使用幕布、草地和水果等场景元素，创造出家庭聚会、朋友聚会，甚至男女生之间约会的欢乐氛围，引导客户下单。

尽管在直播中，团队主播的发音可能不够标准，语法也许不够准确，甚至可能缺乏许多专业技能，但这一切都没有影响黄连将勇敢地站在了新的行业风口之上。透过小小的手机屏幕，阿里用技术的想象力，为像黄连将一样的中小微企业主搭建了在世界贸易中的专属舞台。

陈香羽是玉林人，她特别希望广西的编织手工艺不仅能够让全球的买家认可，同时也希望更多的中小微企业能够透过阿里巴巴国际站这艘快艇，进行数字化出海。这不仅是她的梦想，也是许多人的梦想。阿里在这个地方落地有十二年的时间，目前已经开发到一千多家客户数。阿里“小二”过去常常骑着电动摩托车或者三轮车拜访客户。“无论你的梦想有多远，只要你保持热爱，奔赴江海，你就能够到达远

阿里巴巴助力乡村振兴的展销会现场

方。”这就是阿里的信仰，也是阿里人的奋斗目标。在每一分每一秒，阿里人都在见证着奇迹的发生，驱动着阿里人一路向前。

在数字经济时代的浪潮中，阿里巴巴的发展不仅仅是对中国社会和现代化发展的巨大意义，更是与乡村振兴相结合的实际努力的结果。阿里巴巴充分发挥自身的生态和技术力量，通过整合平台资源、打通线上线下渠道，将互联网与乡村振兴结合，创造出全新的落地模式，惠及了无数村镇。

在各地“乡村振兴特派员”的一线工作中，阿里巴巴不仅提供了数字化支持，还推动了各种优质农产品的推广。他们将互联网技术与乡村振兴政策结合，推出了一系列新产品，例如纯黑的土猪腊肉、黑毛猪腊肉、青龙八道河的板栗等，这些美食产品通过阿里巴巴平台销售，带动了当地农业产业的繁荣。

在互联网大会上，阿里巴巴集团董事局主席——张勇，强调数字经济正在深入融入经济、社会和人们日常生活中。阿里巴巴一直致力于普及数字技术，帮助中小企业享受数字化的红利，创造更多数字机会。阿里巴巴始终将实体经济作为根基，利用数字技术参与各行各业的数字化进程，服务于广大消费者。这种使命感驱使着阿里人为社会创造更多的价值，共同前行，共创美好数字未来。这正是阿里人对未来的思考，致力于为民谋福、为商谋利，铸就美好的商业道路。

互联网企业的品牌发展与国家发展战略息息相关，尤其是在中国这样一个信息技术迅猛发展的国家。阿里巴巴作为中国乃至全球最知名的互联网企业之一，在中国互联网品牌建设方面发挥了重要作用，同时也紧密契合了国家的发展战略。

首先，互联网企业通过品牌建设，不仅仅是为了提升自身企业形象，更是在为国家树立良好的国际形象。阿里巴巴的成功经验表明，一个强大的品牌不仅仅是产品的代名词，更是国家软实力的象征。通过国际化的品牌推广，互联网企业可以在国际舞台上展示中国企业的实力和创新。

其次，互联网企业的品牌发展也是推动国家数字经济发展的关键一步。随着互联网技术的普及，数字经济成为国家经济发展的新引擎。阿里巴巴作为电子商务领域的领军企业，通过打造数字化平台，促进了各行各业的数字化转型。这种数字化转型不仅提高了企业的竞争力，也为国家数字经济的壮大提供了支撑。

此外，互联网企业的品牌发展也与国家扶持中小微企业发展的政策密切相关。阿里巴巴通过其电商平台，为中小微企业提供了一个广阔的销售渠道，帮助他们将产品推向国内外市场。这种支持中小微企业的商业模式，与国家鼓励创业创新、扶持中小企业发展的政策相契合，为国家经济的持续发展提供了新动力。

互联网企业的品牌发展不仅是企业自身发展的需要，也是与国家发展战略相互促进、共同发展的结果。在全球化竞争日益激烈的背景下，互联网企业的品牌建设将继续发挥重要作用，为中国乃至世界的数字经济发展开辟新的道路。

扫一扫，观看视频

鲁花 生生之道

鲁花战略经营之道是，追求一个大目标，提高**人类生命质量**，贯彻一个大纲领，**传承爱心**，**创新文化**，服务一个大上帝，保证消费者都满意，**发展一个大同盟**。

早在1600多年前，在中国古代的《齐民要术》里，就有关于植物油烹饪的记载，描写了如何从花生中提取油用于煮饼。这个古老的食用油传统一直延续至今，成为中国人饮食文化中不可或缺的一部分。烹饪中的油香和炊烟，交织成人间烟火气，给生活增添了无穷的滋味。

然而，很多人可能并不了解，尽管中国是全球油料生产大国，却依然有70%的食用油需要依赖进口。2022年，全球食用油价格持续上涨，直接影响到了千家万户的“油瓶子”，成了社会关注的焦点。

在这样的背景下，花生成为中国唯一可以实现自给自足的油料作物。自觉的十八大以来，中国大力推广种植高油酸优质花生品种，旨在保障国内食用油的需求。鲁花农业科技推广有限公司联合山东省花生研究所等科研机构，成功培育出了10余个世界领先水平的高油酸花生新品种。这些努力使得高油酸花生成为国际竞争中备受关注的品种。

黄渤海地区的土地肥沃疏松，最适宜花生的生长。而山东莱阳，则是烟台大花生的主要产地。在2022年9月23日这个特殊的“秋分”，这片土地上的30万亩花生喜获丰收。这一天，也标志着中国花生油品牌鲁花的新篇章的开始。

花生地

每一个鲁花人的新一天都是从晨读会开始的。这个传统始于鲁花品牌创始人孙孟全20多年前的决定，至今仍然延续。在激动人心的晨读会上，大家举起右臂，郑重承诺决不让消费者食用一滴不利于健康的油。这个誓言不仅代表了鲁花人的使命，也体现了他们“产业报国、惠利民生”的核心价值观。鲁花的战略经营之道，就是追求一个大目标——提高人类生命质量，传承爱心，创新文化，服务大众，保证每位消费者都满意。这正是鲁花人所坚守的信念和承诺。

“中国农民丰收节”也是鲁花集团举办首届高油酸花生庆丰收仪式的日子。在这个庄重的仪式上，农户们将丰收的花生组成一条飞腾的中国龙，传递着丰收的欢乐。在活动现场，鲁花集团总裁辛旭峰亲自品尝了新鲜的高油酸花生，尽管今年夏天持续高温，但全国各地的高油酸花生收成喜人，为农民

花生

鲁花工作人员在田间向农民介绍高油酸花生

带来了丰收的喜悦。

26 年前，鲁花集团总裁辛旭峰加入鲁花时，这家企业只是一个年销售额几百万元的小型企业。如今，鲁花已发展成拥有 47 个生产基地、近 300 家销售分公司、年销售额达数百亿的行业领军企业。他对土地的深情让他感受到每个农民对土地的深厚感情。他分享了高油酸花生丰收的喜悦，希望更多农民加入高油酸花生的种植行列，并了解高油酸花生对人体健康的益处。

山东大学营养学教授徐贵法指出，高油酸花生油与橄榄油的油酸含量基本一致，具有良好的抗氧化性，对人体心血管和脑血管健康有益。国家花生产业技术体系原首席科学家禹山林则强调了高油酸花生的特点，包括抗氧化作用、稳定血糖等，这些特性使得高油酸花生成为备受欢迎的品种。

在推广高油酸花生的过程中，种子的研发至关重要。张睿，一位从事高油酸花生育种工作的科研人员，形容自己为“科研的农民”。她每年都期待着花生收获季节的到来，因为这时她可以看到自己多年科研努力的成果。她的工作帮助鲁花攻克了种子的密码，使得高油酸花生得以大规模种植，为提高农户收入创造了可能。

花生喜获丰收

晨读会

然而，推广高油酸花生并非易事，企业需要克服许多困难，包括赢得农户的信任和建立种植基地。鲁花集团大生产管理中心执行总裁杜祖波深知这些挑战，但他坚信通过科技创新和种子的升级换代，中国人将能够握住自己的油瓶子，实现油料自给率的提高，为粮食安全和国家的繁荣做出贡献。他的团队致力于摸索高油酸花生的育种道路，确保高油酸花生的成功种植，使得更多农民受益，促使中国花生产业迎来新的发展时代。

2018 年，莱阳的农民们第一次听说高油酸花生这个新兴的作物。鲁花集团的推广员拿着小喇叭在地头给大家讲解这个新品种的特点。他们说，这个品种产量高，抗病性强，油脂含量丰富，完全能够保证每亩地的成本和基本利润。更吸引人的是，鲁花集团不仅提供种子，还签订收购合同，保障农民的收购价格，让他们放心种植。

当时，农民们心存疑虑。是否种植高油酸花生，是一个关系到全家一整年收入的决定。种植户宋德贵说，他们害怕风险，怕投入时间和精力最终得不到回报。还有种植户步桂国，他是第一批尝试的人之一，他说，鲁花的政策对他来说相当吸引人，虽然价格

中国农民丰收节现场

花生地收割

相对市场要高，但是有了合同和保底政策，为他们提供了安全感。

最终，鲁花集团的保底收购政策打动了这些农民，他们决定试试。于是，第一批高油酸花生种植计划开始了。农民们种下了十多亩地，但由于没有种植经验，他们依然心存忐忑。

鲁花集团并不只是提供种子，他们还派遣专业的技术人员和行业专家为农民提供指导。种植户宋德贵说，他们不仅提供种子，还告诉他们什么时间打药、施肥，从而确保了高产和品质。同时，鲁花还投入大量资源帮助农民建立现代化的种植基地，引入机械化操作，提高了生产效率。

在经过一年的辛勤劳作后，到了秋分，他们终于迎来了花生的丰收季节。高油酸花生的特性也为他们带来了便利，即使遇到了涝灾，也能够延长收获期，不会出现花生发芽的情况。通过对比其他品种，他们发现高油酸花生的产量高，收入相对提高了 15% 到 20%。

种植户们的努力得到了回报。有人承包了更多的土地，有人买了新车。莱阳的高油酸花生亩产高达近 400 公斤，这个数字远远超过了中国花生亩产 254 公斤的平均水平。

禹山林对鲁花的种植基地给予了高度评价。他认为，鲁花建立了良好的基地，确保了种子的纯度，进而保证了花生油的质量。高油酸花生的推广将使中国的花生产业发生根本性的变化，这是一次非常重要的更新。

如今，鲁花集团在山东、河北、河南、江苏、安徽、湖北、辽宁等地建立了花生配套基地，总面积达

杜祖波在花生收获现场

关键时候，一粒小小的种子能够绊倒一个巨大的国家。种业的安全关系到粮食的安全，也关系到国家的安全。

——袁隆平

1000 万亩，带动了近千万农民增加收入，这些成绩的背后，是鲁花坚守初心、脚踏实地的奋斗精神，他们用爱心和创新践行着产业报国、惠利民生的宗旨。

在丰收的季节里，人们欢聚一堂，载歌载舞，舞龙等热闹场景映入眼帘，庆祝花生的丰收。这个时候，也是一年一度的花生开榨季节。在鲁花集团的花生工厂里，一场盛大的开榨仪式正在进行。

鲁花集团大生产管理中心执行总裁杜祖波在庆典中发表了慷慨激昂的讲话，他感慨良多地说："这么多年下来，非常的感动，看到农民的收益有了保障，也看到鲁花的高油酸的花生油上市，这是作为一个从业者，最喜悦的事情。"他提到了鲁花集团在 2017 年推出的油酸含量 75% 以上的高油酸花生油，这个产品填补了中国高油酸花生油市场的空白。他还介绍了鲁花独特的"5S 物理压榨"工艺，该工艺结合了优质的原料和精湛的工艺，使得每一滴花生油都保持了最佳的品质。这项技术的成功使得鲁花成为行业领先者，被认定为国家标准的基础，重新定义了花生油的生产标准。

"5S 物理压榨"工艺是鲁花的核心竞争力之一，它在保持花生油的原香原味的同时，去除了黄曲霉素等有害物质。鲁花集团创始人孙

鲁花实验室

孟全带领团队用了6年时间攻克了技术难关，使得花生油的生产变得又香又健康。辛旭峰介绍了鲁花集团对原材料的严格管控，他表示："你进入我们的厂区会发现，这么大的工厂，为什么没有花生油的大罐呢？很多人到我们工厂来参观，都会提这样一个疑问。就是因为我们的花生米、花生油全都放在恒温储存罐里边。"这种做法确保了原材料和成品始终保持新鲜状态，为生产出高品质花生油提供了保障。

鲁花的"5S物理压榨"技术不仅受到业内的高度认可，还获得了国家发明专利。在2012年，鲁花集团凭借这项技术荣获"国家科学技术进步奖”，这次荣誉不仅是对鲁花集团的认可，更是对整个花生油产业的推动。

杜祖波在开榨庆典上宣布：“中国农民丰收节，鲁花高油酸花生油开榨！”伴随着机器的转动声，第一桶鲁花高油酸花生油正式诞生。徐贵法教授也表达了肯定：“鲁花公司能很好地去支持、去鼓励这些科研人员进行新品种的培育。然后把这些新的品种推广给农民，让农民去种植。然后才有产量，他们把这个新品种的花生又做成产品，供到市场，供给老百姓去吃啊。”他认为这不仅有利

鲁花工厂内景

于老百姓，也对中国的营养改善和国家整体的健康战略产生了积极影响。

辛旭峰表达了鲁花集团的初心：“我们一头牵着农民，一头牵着消费者。为了农民，我们增加了油酸的含量，它不断地从40% 可以到 50%，可以到 70%，甚至现在我们有的花生品种都达到了 80%。那这样，它的营养价值就高了，营养价值高了以后，它自然价格就会提升上去，这样农民的收益就会增加。为了消费者，我们生产出高油酸的花生油来。正因为这个花生的油酸含量增高了，我们现在吃 1/2 的油就可以吃到同样含量的营养物质，所以说少吃油、吃好油，就成了我们这几年一直想对消费者要推动的事情。”他表示鲁花一直秉持着“为人民服务”的理念，将这几个字刻在了办公楼上，成为鲁花人永远追求的方向。他强调说，这种初心使得鲁花一直致力于提高农民的收入，同

鲁花花生油恒温储存罐

时也为消费者提供更健康、更营养的产品。通过不断的科研创新和技术提升，鲁花的高油酸花生油不仅满足了人们对美味的追求，更关注了人们的健康需求。

工厂内的机器转动，标志着新一季的鲁花高油酸花生油正在生产。农民们的辛勤劳动和鲁花集团的精湛技艺在这个时刻完美结合，为人们带来了新鲜、健康的花生油。在这个充满希望的季节里，人们共同期待着更好的未来，希望通过努力，让每个家庭的餐桌都充满幸福和满足。这次开榨仪式不仅仅是一个传统的庆祝活动，更是鲁花人为了人民、为了国家、为了健康而努力奋斗的写照。这些美好的时刻定格在了人们的心中，鲁花高

鲁花创始人孙孟全

忙忙碌碌一年，丰收了，大家心情真高兴！

——花生种植户宋德贵

每一个中国人对土地都有非常深的感情，像是我们往上延伸几代，大家都是依靠土地来吃饭的。

——辛旭峰

油酸花生油继续为人们的生活带来美味与健康，成为丰收季节里不可或缺的一部分。

鲁花，一个源远流长的品牌，它的历程是中国改革开放的缩影，也是中国食用油领域的璀璨明珠。这个企业，从“滴滴鲁花，香飘万家”起步，逐渐演变成了中国高端食用油的引领者，为世界民族之林增添了一抹亮丽的色彩。

鲁花集团的总裁辛旭峰常说，企业的规模不再只是自身的范畴，而是国家层面的责任。鲁花的主业是花生油，而花生，它是一颗种子。如今，鲁花集团希望将这颗种子不断升级，培育成一颗高油酸的种子。这颗种子，将在中华大地上生根发芽，绽放出花朵，为花生的升级换代贡献力量。

鲁花人则是这颗种子的播种者，他们承载着传播中华传统文化的农民对自己种的花生，像对自己的孩子一样去呵护。

——杜祖波

使命。这份爱心，是鲁花的向心凝聚力，这种创新，是鲁花不断发展的动力。鲁花致力于高油酸花生种子的研发、推广，让这颗种子在广大农田上茁壮成长，为消费者提供高质量、健康的产品。鲁花的生生之道，是一个民族企业“产业报国，惠利民生”的奋斗故事。

在这个道路上，实体经济是基石，产业报国是信仰。鲁花人秉持着“大道为国，厚道为民”的理念，始终将为人民服务作为己任，决心绝不让消费者食用一滴不健康的油。他们心怀爱心，肩负使命，将这份坚守传递给每一位鲁花人。因为他们深深地爱着鲁花，鲁花也因为他们的奉献，成为中国实体经济的闪耀明星，是一个值得敬仰的品牌。

鲁花作为一个具有悠久历史和良好口碑的品牌，其品牌发展也与国家政策和战略密切相关。

品牌定位与国家战略一致。鲁花在品牌定位上注重绿色、健康、安全的理念，与国家生态文明建设和绿色发展战略相契合。这种一致性使得鲁花的产品受到消费者信任，也符合国家推动绿色消费的方向。

技术创新与农业现代化发展。鲁花致力于技术创新，投入大量资源研发生产技术，提高产品质量。这种技术创新不仅推动了鲁花自身的品牌发展，也促进了国家农业现代化的进程。

鲁花集团全景

> 企业小了是自己的，企业大了就是国家的。
>
> ——孙孟全

国内外市场拓展。鲁花通过积极拓展国内外市场，推动了中国农产品的国际化。这与国家“一带一路”倡议相契合，也符合中国农产品走向世界的战略方向。

社会责任与国家扶贫政策。鲁花积极履行社会责任，参与扶贫项目，支持农村经济发展。这与国家的精准扶贫政策一致，为国家战略目标的实现提供了有力支持。

文化传承与国家文化自信。鲁花作为中国传统企业，传承了丰富的文化底蕴。在品牌推广中，弘扬中国文化，为国家文化自信战略注入了新动力。

鲁花通过品牌定位、技术创新、市场拓展、社会责任履行等方面的努力，积极响应并服务于国家政策和战略，为国家经济和农业发展贡献了力量，也为自身的品牌发展创造了良好的环境。

扫一扫，观看视频

华为　创新，是一场永无止境的攀登

华为手机，**从困难走向成功**，从成功又跌落下来。这种洗礼，对华为手机业务团队是个巨大的**洗礼**，经历过这个磨炼，团队经受住了这种考验，重回赛道，**重新崛起**。

回忆将余承东带回了华为公司 2013 年至 2019 年发布会的重要时刻。2013 年，华为迈出了 Mate 系列的第一步，余承东在全场热烈掌声中宣布："我们要做世界上最棒的产品，最好的手机。"这句话，不仅是对产品的期许，更是对未来的豪言壮语。

随后的 2014 年，Mate7 发布，余承东豪情万丈地称之为"华为 Mate7 成为一个奇迹，成了一次突破"。这一刻，华为走向了更广阔的舞台，Mate 系列开始崭露头角。

华为手机Mate50系列

HUAWEI Mate50 系列
领势而上

2015 年，Mate 8 发布，余承东表达了对未来的期待："我们希望华为 Mate 8，将高性能和长续航再一次突破，带给大家。"这不仅仅是一款手机，更是一次技术和用户体验的升华。

随着时间的推移，2016 年，Mate 9 问世。余承东用深沉的目光说道："华为 Mate 9，天生快，更为重要的是要一生快。"这款手机不仅仅是追求速度，更是对生活态度的一种表达，一种对美好未来的渴望。

2017 年，Mate 10 系列横空出世，余承东振奋地宣告："华为 Mate 10 系列，搭载了人工智能处理器，开启了移动人工智能时代。"这一刻，华为不仅仅是在造手机，更是在引领科技潮流。

2018 年，Mate 20 问世，余承东骄傲地说："华为的 Mate 20 发明了反向充电技术。"这项技术的应用，不仅令手机续航更有保障，也为用户带来了更多便利。

2019 年，Mate 30Pro 面世，余承东充满自信地宣示："华为 Mate 30Pro，把专业的摄像机放到手中。我们的 Mate 系列，每一代都引领这个行业的科技创新。"摄影已不再是专业人士的专属，而是每个人都可以参与的艺术。

在2020年，面对着种种困难和质疑，余承东毫不动摇：“很多人都问我，手机业务还能不能继续。我告诉大家，无论有多大的困难，我们都要业务继续进行下去。”这是一种坚持，一种对未来的信仰，也是华为一直走来的动力源泉。

这一系列的发布会，见证了华为Mate系列手机从无到有的蜕变，它不仅仅是一款手机，更是一种信仰，一种对技术和创新不懈追求的表现。华为Mate系列，已经不再只是华为的产品，更是一个时代的象征，全球科技的领航者。

华为手机成长的故事，是一部创新与坚持的传奇。它开始于十年前，华为常务董事余承东在车上采访中深情回顾了那时的艰辛。在智能手机刚刚兴起的时候，他有一个梦想：打造一款大屏幕、长续航的手机。那个时代，这个设想简直是一个奇迹。第一代Mate横空出世，6.1英寸的大屏和四千多毫安的电池，引领了一股手机性能热潮。接着，Mate7更是在全国人民中掀起了抢购狂潮，成为商业成功的代名词。而Mate9则以其漂亮的外观和震撼力，进一步巩固了华为在手机

我们很多技术，走在这个行业的前列，我们产品创新是永不停步的。你可以看到我们的很多技术和产品细节，都在被整个业界追随。

——余承东

领域的地位。

然而，十年前的困难并不是就这么简单。当时，没有人认可华为的品牌，也没有人知道华为。但是余承东和他的团队并没有放弃。他们克服了一切难关，积累从出了核心技术和生产能力。然而，近两年的巨大挑战让他们再次陷入低谷。面对种种困境，余承东选择了领势而上。在发布会现场，他自信而坚定地宣告："我们无论多少困难，我们一直在技术创新的研发。从来没有放弃过。"

终于，在时隔两年之后，华为 Mate 系列手机再度崭露头角，宣告了华为手机的回归。发布会现场，余承

视障用户使用华为手机

就像昆仑山脉，我们中华传统的昆仑精神，面对挫折面对失败，不妥协不罢休，继续跌倒重来，继续奋起，直到最终的成功。

——李小龙

东气定神闲，表达了华为一直以来的信仰：坚持做伟大的产品，做极致体验的产品。华为手机的发展，是一次华为手机业务从无到有，再从有到强的历程。它是一次困难和挑战的磨炼，也是一次信仰和坚持的洗礼。华为，继续领势而上，向未来攀登。

昆仑山脉的崇高气势成为华为创新的源泉。余承东，华为手机团队的灵魂人物，在车上采访中展现出坚韧的决心："昆仑精神，敢于攀登，不畏艰险，这始终是我们团队的这种拼搏的精神、不屈的精神，也是我们华为公司的精神，也是中华民族的精神。"这种信念推动着他们不断探索，解决消费者使用手机时遇到的核心问题。

华为推出了新一代的"昆仑玻璃"，它坚若磐石，抗摔打能力提升了 10 倍。在智能手机行业中，超过 50% 的售后处理都涉及修复玻璃面板。而李小龙，华为终端 BG 手机产品线副总裁，深入维修网点观察，发现用户最大的维修需求就是屏幕摔碎问题。为了解决这个难题，华为工程师们决定挑战"摔不坏的玻璃"的难度。

研发团队首先研究了过去强化玻璃的传统思路以及其中的问题。在华为"2012 实验室"，华为的科学家们从钢筋混凝土中汲取灵感，

华为终端可靠性测试实验室的工作现场

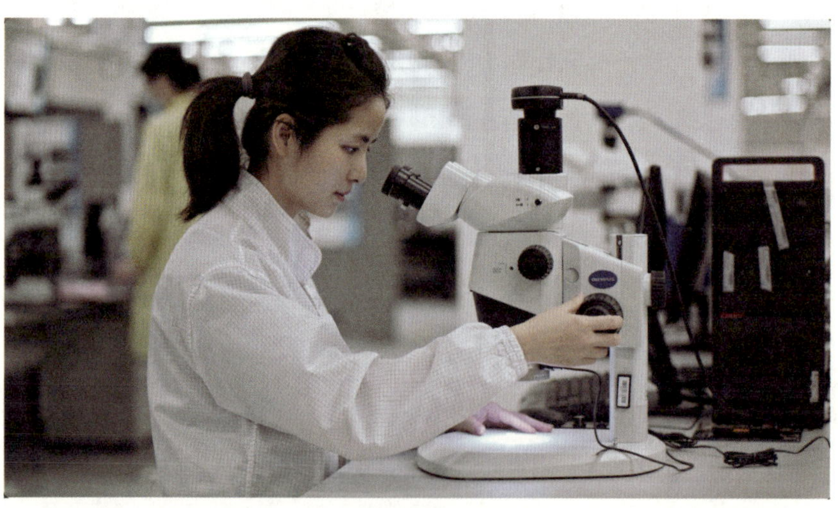

2012实验室的工作现场

找到了新的思路。这个决心与创新精神的结合，使得“昆仑玻璃”的研发取得突破。这种透明、符合手机屏幕要求，同时又难以摔碎的玻璃，成为消费者和制造商的福音。

这不仅仅是一次技术突破，更是一种信仰的体现。华为，在攀登科技高峰的道路上，持续不断地创新，为用户带来更好的体验，也为中国的科技事业赢得了赞誉。

“2012 实验室”，是华为的科技“桥头堡”，它承载着无数智慧的结晶。这个位于华为总部的实验室，成立于 2011 年，被誉为“华为最高科技的部门”，专注于新一代通信、云计算、音频视频分析、数据挖掘、机器学习等研究领域。我们将揭开这个“最神秘”的实验室的面纱，继续探寻“昆仑玻璃”背后的传奇故事。

在这片科技沃土里，华为的科学家们付出了数年的心血。李小龙回忆道：“到今年已经四年多了，然后这里面经历了各种各样的挫折，应该说九九八十一难都不为过。”他们的目标是创造出一种“摔不坏的玻璃”。在面对这个挑战时，他们找到了灵感，模仿钢筋混凝土的结构，在玻璃中加入坚硬晶体，构筑支撑结构，提高玻璃的防摔性能。这项突破性的技术让他们振奋不已。

然而，技术之路充满坎坷。微晶玻璃的研发过程中，他们遭遇了一次次的挫折，一次次的打击。经过数次的测试和修改，最终，他们战胜了困难，成功地将“昆仑玻璃”应用于手机面板。这种特殊的玻璃不再畏惧摔落，对于一般的摔落高度已经毫不在意，这正如李小龙所言：“昆仑玻璃对一般高度的跌落已经完全没有畏惧了。”

在研发过程中，华为并未减少创新投入。余承东坚定地说道：“在这么困难的情况下，我们仍然没有减少我们研发的创新投入，我们华为一年200多亿美元的研发费用，这在全世界排也是非常前列的。”这种创新精神，使得华为的技术一直走在行业的前列，被整个业界追随。

如今，华为已经完成了从“破局者”到“领跑者”的转变。在中国企业联合会发布的“2021年发明专利数企业排名”榜单中，华为技术有限公司以99000个专利数遥遥领先，蝉联第一。余承东深情地说：“通往山顶的路有很多条，我们选择最难、最有价值的那一条。”这种不妥协、不罢休的精神，将华为推向了技术的巅峰，也将“昆仑玻璃”的故事刻在了科技史册上。

在2022年9月5日，即Mate50发布会的前一天，华为官方发布了一条预热视频，揭示了即将推出的Mate50系列装载了前所未有的黑科技。在这个视频的激发下，无数网

华为研发大楼

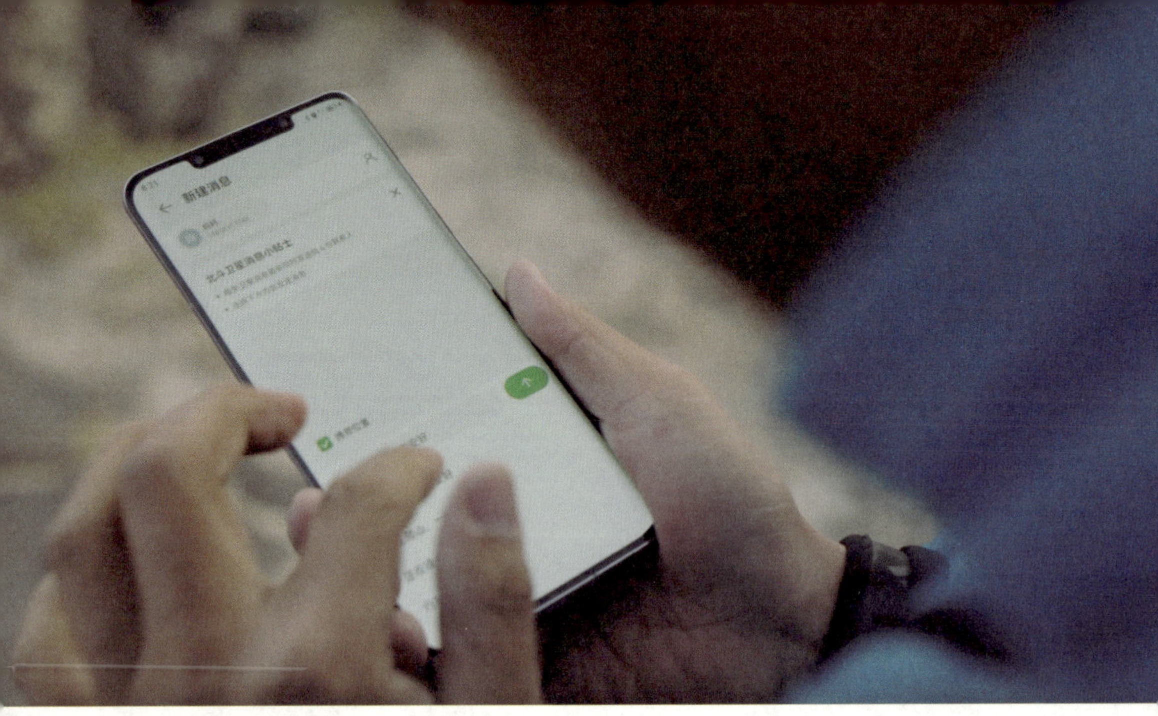

探险家在野外使用华为手机

友热切期待着在发布会上一睹这项新技术的真实面貌。

当天在发布会现场，余承东激动地宣布："我们华为一直是通信行业的领导者，也是很多通信技术的引领者和创新者。今天我们带来了全球首款支持北斗卫星消息的大众智能手机，华为 Mate 50 系列，开启大众卫星通信新时代。"他的声音激荡在整个会场，引发了现场观众的热烈掌声。

在采访中，余承东解释了这项技术的重要性："我们今天发布的这个北斗卫星消息，那就是当你万一需要到哪个地方时候，去徒步，去爬山，万一掉到哪里去了，到没有信号的地方，万一遇到一些困难需要救援，那这时候这个功能真的能救命，非常非常关键。所以这个功能可能平常用不到，一旦需要用的时候，那简直是价值连城。”

这项黑科技背后是中国的北斗卫星导航系统，这个系统是中国自主研发的全球卫星导航系统。而华为通信系统的研发团队，三年前正式与北斗卫星导航系统团队展开合作，开启了大众智能手机“仰望星空”的壮丽征程。

李小龙在采访中分享了他们团队面临的挑战：“北斗的‘短报文’技术，实际上已经问世了很久了。我们在跟北斗的系统的工程师们在一起交流的时候，就大家觉得说，一定要去想办法去解决这个难题。去想尽一切办法，就是没有路，我们就去创造一条路去做出来。”

这支年轻的研发团队付出了巨大努力，他们不仅突破了技术难关，还创造性地设计出了一套完整的通信协

探险家在野外使用华为手机

Mate50光学组件

议。他们尝试了各种方法，甚至创造性地从高轨道的地球静止轨道卫星传输信号，解决了手机与 36000 公里外卫星通信的难题。这个过程就像是“向上捅破天的新技术”，是一次对传统通信技术边界的突破。

北斗卫星导航系统与华为的合作，标志着中国通信科技的巨大飞跃。余承东强调了华为一直以来在技术创新上的领先地位：“因为我们很多技术走在了整个产业的前列，所以别人想超越我们很难。能超越华为的只有

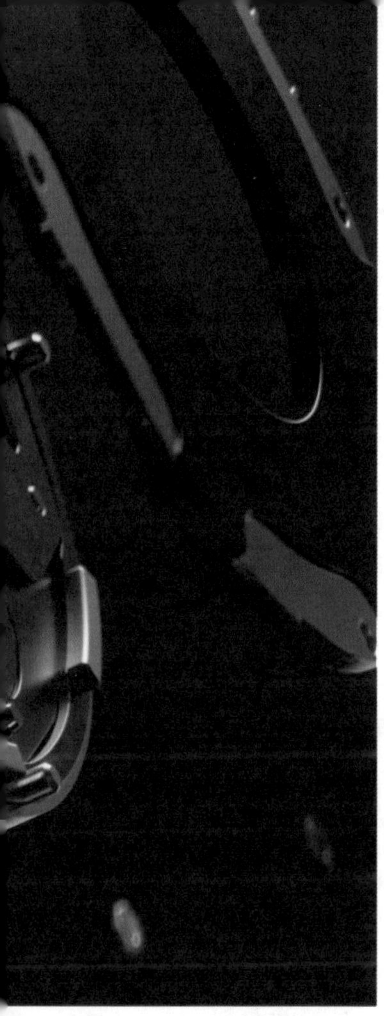

我们自己。不断创新和不断突破，确实也让消费者受益，消费者能买到更好的产品，进一步带动整个产业的进步。”

这次令人振奋的合作不仅令中国成为第三个完成全球卫星导航系统的国家，也为华为在智能手机领域的创新地位再添新辉煌。这次合作，是中国科技发展的缩影，是对技术极限挑战的成功实践，也是对通信史上的一次划时代突破。

在 2022 年 7 月 2 日，华为正式发布了全新品牌——华为影像 XMAGE。这一消息在 Mate50 系列手机发布会上引起了巨大关注，意味着华为不再依赖国际相机巨头，而是通过打造自己的影像品牌，在移动影像领域掌握了自主技术。

在发布会现场，余承东兴奋地宣布：“我们适时推出了华为影像品牌，XMAGE。XMAGE 是引领未来的移动影像品牌！”他的声音激荡在整个会场，表达了华为在影像领域的雄心壮志。

华为终端 BG 首席运营官何刚在采访中回顾了华为影像的发展历程：“我记得我 2011 年年底来做手机的时候，在最初的几年我一直希望能亲眼见证消费者使用我们的手机，在不断学习中，Mate系列走过了十年。

——何刚

时间，我们给我们的摄像团队提的一个关键要求就是，如何让我们的手机，能拍出像卡片相机拍照的效果。过了几年，我们又提出，拍照效果能不能超越单反，能不能记录更多的影像，能不能记录影像中更丰富的信息。”这种持续的创新精神推动着华为在移动影像领域的不断突破。

华为影像团队不仅致力于技术的突破，更在用户需求方面保持高度敏感。何刚提到：“我们认识到，移动影像必须用传统影像不一样的方法来做。全球华为手机用户，已经累计拍照超过三百万张，这代表了这个时代与上一个时代，对影像需求变得巨大。到今年，我们希望我们向前再迈进一步，通过 XMAGE 给消费者带来更多的、值得期待的影像效果。”

在发布会现场，余承东展示了 Mate 50 的影像效果：“今天可以看到，我拍了一只小猫，我们可以拍出猫的眼睛，像宝石一般，非常酷。”他介绍了 Mate 50 独特的光学系统，该系统在极小的空间里，搭载了 6 叶片的可变光圈镜头，实现了 10 档光圈的动态调节，为用户提供了更广阔的拍摄可能性。

这项技术突破的背后，是华为影像团队不断挑战极限、追求卓越的决心。他们在光学组件的设计中面临了种种困难，但最终通过 20 多版叶片设计改动、4 版结构修改，成功实现了光圈动态的“无极可变”。这种坚持和创新，为用户带来了更出色、更独特的移动影像体验，也让华为影像 XMAGE 成为引领未来的移动影像品牌。

在华为的外观设计背后，是一支对完美执着的团队。华为终端 BG Brand Image 总监苏婷婷在谈及华为影像系统时，坦言摄像头的庞大模组给外观设计带来了极大挑战。这个模组高耸突起，给设计师们提出了一个复杂的问题：如何将这庞大的结构巧妙地融入手机的外观，使其既和谐又美观？

华为设计师工作现场

苏婷婷在采访中强调了设计团队的使命——找到最适合强大性能的表达形式。在华为，设计早已不仅仅是形式美，更是性能与美学的完美结合。她提到："我们华为 Mate 系列，一直坚持中轴对称的设计。从产品的工艺、CMF 等各个领域上都引领着行业的创新。"

设计师们为了追求最纯粹的设计，进行了长达两年多的开发，尝试了 20 多个设计原型。然而，在两轮真机试制之后，余承东、何刚等领导人对摄像头区域的设计提出了新的挑战。他们希望用最简洁纯粹的设计，展现这次强大的影像系统。苏婷婷回忆道："为此我们做了一个近乎疯狂的决定——在两轮生产试制之后，去做设计变更。这个时候更改摄像头的设计方案，意味着相当一部分的物料报废。"这个决定不仅带来了巨大的损失，还可能导致项目上市延期。然而，华为人一

余承东在Mate50发布会

直秉持着非极致而不为的原则。他们为了增强整机的精细感和品质感，尽可能地减少了分拆件和缝隙。苏婷婷说："你们可以看到，这四个摄像头的装饰件，包括最外面圆环的装饰，甚至摄像头里面的一个支撑的支架，它都是采用同一块金属件来加工的，这块金属总共经过了二十多道成型的工序，多次的阳极氧化上色，最终实现了在同一件金属的表面，不同的颜色分层，和不同的纹理质感的效果，这就是 Mate 所追求的极致的品质感。"

华为 Mate 系列手机的外观设计，不仅是技术与美学的结晶，更是对极致追求的表现。在迎风前行的十年历程中，华为人不断挑战极限，不断突破，力求为用户带来更卓越、更令人惊艳的手机体验。2022 年，华为昆仑破晓，勇往直前，再次领势而上。这个过程，是华为人对美学的无尽探索，更是对完美的永不妥协的执着追求。

在华为手机发布会现场的大厅里，余承东的声音响彻整个空间："时隔两年之后，华为 Mate 手机又回来了。这就是华为 Mate50 系列手机——华为 Mate50 和 Mate50Pro，华为 Mate50 系列手机领势而上。"他的声音充满了自豪和自信，仿佛在为这个备受期待的系列代言。

2022 年 9 月 21 日，华为商城等线上平台开启华为 Mate50 系列首轮销售。在线上平台，短短 10 秒内，"昆仑玻璃版本"等热销机型被抢购一空。而就在同一时刻，线下的华为门店也是人满为患，消费者们排起了长龙，尽情享受着期待的乐趣。这一销售热潮，宛如一场华为品牌的盛宴，在消费者间迅速传播，掀起了购买的狂潮。

何刚，华为终端 BG COO，满怀激情地介绍着鸿蒙系统的独特之处："我们的 HarmonyOS 是新一代的移动终端的操作系统，为不同的设备进行智能化互联和协同。它提供了统一的语言，为消费者提供了便捷、智能、安全可靠的全场景交互体验。”

截至 2022 年 11 月，搭载 HarmonyOS 的华为设备已达 3.2 亿。平均每天超过 100 万用户升级鸿蒙，它已经成为迄今全球用户增长速度最快的移动操作系统。鸿蒙也将成为继安卓、iOS 之后的全球第三大手机系统。

华为不仅仅是手机制造商，还在平板、穿戴等领域持续创新。比如，MatePad Pro 打破了生态系统的边界，使得平板可以顺畅运行电脑上的专业软件；而 WATCH Buds 则创新地将手表和耳机合二为一，给消费者带来了 1+1 大于 2 的便捷体验。

何刚满怀豪情地介绍着华为旗舰店的创新之处：“在服务上，我们同样也是大胆创新。我们的旗舰店一直在倡导与消费者共享智慧生活的运营理念。希望通过日常的运营，将这里打造成消费者的兴趣社区。在我们的空间设计上，我们大胆地预留出了足够的公共空间，为消费者和市民提供休闲、娱乐和学习的沉浸式空间。我们希望通过极致创新的产品展示与体验，让消费者可以在旗舰店里自由地体验、购物、交流、创作和分享。”他的话语充满了自信和期待，预示着华为在未来的发展中将继续引领科技潮流，为消费者带来更多惊喜和便利。

> 我们要超越Mate，只有Mate的团队自己才能做到。
>
> ——李小龙

不断攀登向上，坚持不懈，尽管面临重重困难，但我们依然坚守执着，跨越山海，终见曙光！

——余承东

在科技的巨浪中，华为矗立为中国创新的旗帜，承载着一个民族对未来的憧憬和执着。“华为故事”在中国大地上飘荡，述说着华为在创新道路上的辗转坚守，勾勒出一幅中国科技崛起的壮丽画卷。

高科技企业的品牌建设不仅是商业竞争的需要，更是国家科技实力和国际竞争力的体现。华为作为中国领先的高科技企业，其品牌建设既是企业内在实力的提升，也是国家发展战略的具体体现。

创新驱动，科技引领。高科技企业必须坚持自主创新，不断推出领先技术和产品，不仅满足市场需求，更要引领行业发展。华为通过大规模的研发投入，培养和吸引了大批科技人才，推动了核心技术的突破和创新，从而在5G、人工智能、云计算等领域取得了世界领先地位。

国际化视野，全球布局。高科技企业应该具备全球化视野，积极拓展国际市场。华为在全球范围内建立了研发中心、合作伙伴关系和供应链体系，形成了全球化的创新网络。同时，积极参与国际标准制定和产业合作，提高了品牌的国际影响力。

质量至上，诚信经营。高科技企业的产品质量和服务水平直接关系到品牌形象。华为始终将质量放在第一位，通过严格的质量控制体系确保产品稳定性和可靠性。同时，秉持诚信经营，履行社会责任，建立起良好的企业信誉，提升了品牌的公信力和市场认可度。

可持续发展，社会责任。高科技企业在品牌建设中需要关注可持续发展和社会责任。华为致力于推动数字普惠，倡导可持续发展理念，助力数字经济发展，提高社会福祉，这种社会责任感不仅增强了品牌的社会形象，也为企业的长期发展奠定了基础。

国家战略支持，产业生态建设。高科技企业的品牌建设需要得到国家战略支持，同时也要积极参与国家产业生态建设。华为在 5G 技术、人工智能等领域与国家政府形成紧密合作，共同推动产业发展。在国家战略支持和产业政策的推动下，高科技企业的品牌建设更具竞争优势。

高科技企业的品牌建设需要立足创新、拓展国际市场、注重质量和诚信经营、关注社会责任，同时要得到国家政策的支持，并积极参与产业生态建设。这些因素相互交融、相辅相成，共同推动高科技企业的品牌建设走向成功，也为国家科技实力和产业竞争力的提升贡献力量。

扫一扫，观看视频

青花郎　品质之路

“山中无甲子，洞中**岁月长**”。**时间**，带给郎酒的是愈发**醇香**的风味，带给**二郎镇**的却是翻天覆地的**新气象**。

在大江南北，人们都在讲述一个古老酒乡的传奇故事，那就是赤水河畔的郎酒传奇。郎酒，一个凝聚了中华文化精髓与现代商业创新精神的品牌，在传承中创新，在传统中求变，正如中国古老的智慧在现代焕发出崭新的光芒。

赤水河，被赞誉为“美酒河”，它蜿蜒数百里，温热静风河谷气候，为酿酒创造了得天独厚的条件。在赤水河的左岸，古蔺县二郎镇隐藏着一个酒文化的胜地。岩崖之上，郎酒庄园巍然屹立，

它是这片土地上的一颗耀眼明珠。

“郎酒传奇”的开始，是在赤水河畔的古蔺县二郎镇。郎酒的前身可以追溯到清朝末年的邓惠川所创办的絮志酒厂。这一传统的酿酒技艺，代代相传，形成了独特的郎酒风格。

郎酒庄园常常群英聚集，在吴家沟生态酿酒区的天元广场，“2022郎酒重阳下沙大典”在这里盛大举行，吸引了无数瞩目。郎酒集团董事长汪俊林，回顾郎酒的创业历程时感慨万分：“接手郎酒时，销售额仅有3亿多元，规模微小，产品价格低，一度陷入亏损。郎酒口碑不佳，品质和品牌形象亟待提升。面对重重困难，我们的首要任务就是确保郎酒的生存。”

汪俊林与著名作家、中国作家协会副主席、四川省作家协会主席阿来，是近20年的知交。这两位原本毫无交集

赤水河美景

的人，因郎酒结缘。在汪俊林接手郎酒之前，阿来便是郎酒的忠实“酒友”。

在古代，因为缺乏现代化的交通工具，商路多依赖河流。在赤水河畔，古人开辟了一条重要的商路，从泸州长江边，顺着赤水河通向四川和贵州。这条古老的商路被称为盐道，主要贩卖盐等商品。商贩往来穿梭，最终聚集在二郎镇。随着城镇的兴起，饮食产业成为当地的支柱产业，酿酒便成为其中一环。二郎镇的水源和粮食品质都非常出色，自然条件得天独厚，极为适合酿制高品质的美酒。在清末，邓惠川在二郎镇创办了絮志酒厂，这便是郎酒的前身。邓惠川的酒质纯美，香气扑鼻，很快走红。

阿来首次参观郎酒酒厂时，虽然看到了老旧的车间和招待所，住宿条件十分简陋，但是酒的味道却令人陶醉。正是因这样的缘分，阿

郎酒庄园

他们提出“品质”，而且加了另外两个字“主义”。品质主义，我觉得这是一个很好的提法。

——阿来

来与汪俊林结下了深厚的友情，同时也见证了郎酒的蓬勃发展。这段佳话，既是友谊的见证，也是郎酒历史的见证。

近年来，郎酒经历了两大重要转变，其中之一是生产管理的日益规范，尤其是一线工人的工作精神焕然一新。第二个亮点则是郎酒品牌知名度的不断提升，生产规模持续扩大。郎酒并不满足于传统，它融入了中华优秀传统文化的元素。酒名、酒标，无不寄托着中华文化的深厚内涵。在郎酒庄园，可以亲身感受到中国传统酿酒工艺的魅力。郎酒“生在赤水河，长在天宝峰，养在陶坛库，藏在天宝洞”的独特酿储规则，将“诗意与美好”酿进酒里，使得郎酒既是一种饮品，更是文化传承的载体。

郎酒不仅仅是一家酒厂，在这片土地上，郎酒倡导的庄园概念将中国酒文化、精神追求和美学融入其中。这种庄园概念，在过去，只有在欧洲的葡萄酒庄园才能见到。现在，郎酒以其独特的生产流程和令人惊艳的庄园景观，成为中国白酒行业中的先驱者。

阿来评价汪俊林是：“他改变了白酒行业的面貌。”但在汪俊林接手郎酒之前，他曾经犹豫过很长一段时间。当时的郎酒陷入连续亏损，负债高达数十亿元，可以说是一次冒险的“豪赌”。汪俊林接管郎酒

汪俊林与阿来品酒

汪俊林视察酒厂

后，他奔走在全国各地，深入市场，倾听经销商和消费者的声音。他关心的是——人，品质是否达标，为何消费者不购买，经销商为何销售不畅。面对各种问题，汪俊林认识到："好酒也怕巷子深"。

> 每个人时间是有限的。我们生下来就在奔跑。我们带着信念去工作的话，我们就很开心。
>
> ——汪俊林

然而，汪俊林没有选择放弃，他坚信，人定胜天。他决心用更长时间，更多的努力，将酒做得更好，将企业打造得更加稳固。品牌的重塑，或许是郎酒唯一的生存之道。于是，在他的领导下，郎酒推出了"红花郎"系列产品。2007 年，"红花郎"销售量开始迅速增长，这不仅改变了郎酒的企业形象，也为品牌的塑造奠定了坚实基础。

郎酒的销售额从数亿迅猛增长至 2023 年的 200 亿，员工数量也从两千多人发展至两万人。这一切的背后，是三个坚持：品质、品牌、品味。然而，这些核心理念的实现，离不开整个团队的共同努力。郎酒团队将目光紧紧锁定在为消费者提供极致品质美酒，这是一条充满挑战的路，一滴酒的品质取决于无数因素，有时甚至超越了人力所能及的范围。郎酒，正是在这种挑战中，一步一个脚印，走出了一条品质至上的白酒之路。

郎酒庄园

每年重阳时节，赤水河流域的雨量减少，河水由“赤”变“清”，清澈透明，水质极佳。这个时节，米红粱已经完成收割，郎酒庄园的酿酒车间里一片繁忙景象。白酒行业中俗称的“重阳下沙”。这里的“沙”就是指米红粱。在这个关键节点，郎酒股份的总工程师蒋英丽亲自前往窖池，逐一检查下沙的原料质量。

蒋英丽详细解释道：“为了确保高粱的品质，我们将第一车间建在了田间地头，培育出了专属的高粱品种——‘郎糯红 19 号’。这标志着郎酒的酿制历程的最初阶段。这种高粱的皮张相对较厚，颗粒微小，最关键的是其内部淀粉含量极高，结构紧密。”

郎酒的酿酒工艺复杂而精湛。粮食需要经历润粮、蒸煮、摊晾、加曲、堆积、入池、发酵等多个步骤。每个发酵周期的时间都各不相同，大致为 30 天左右。待发酵周期结

汪俊林与阿来在重阳下沙大典

汪博炜在郎酒与新华文轩合作签约会现场

束，蒸酒过程便开始，而此时便可以开始取酒。酿制一个批次的酒需要经历两次投粮，九次蒸煮，八次发酵，七次取酒。

蒋英丽是土生土长的二郎镇人，17 岁时便加入了郎酒厂。在郎酒工作不久后她便显露出在酿酒和品酒方面的非凡才华。她敏锐的味觉和嗅觉，结合沉稳坚定的性格，使她成了今天备受尊敬的酿酒大师。

白酒与许多国际上的其他酒种有着不同的酿造特性，主要表现在两个方面——开放性和自然性。在郎酒的酿造过程中，所有车间、仓库的屋顶和大门都是敞开的。整个酿造过程都在与大自然不断互动。酿酒师在其中的角色更多的是去研究、去探索自然的规律。所有的技艺都在顺应自然，对这种规律的精准掌握，决定了最终酒液的味道。从一颗米红粱到一滴品质郎酒，整个过程实际上是微生态和微生物的共同贡献。因此，酿酒实际上是一个由人和微生物共同完成的过程，是一种生态艺术。

如何更好地接受大自然的馈赠，是蒋英丽等几代郎酒人不断探索的生态密码。郎酒的酿制秘诀隐藏在郎酒庄园中，共同的关键词就是——生态。郎酒庄园如此顺应自然，以此为底蕴，酿造出了世界闻名的郎酒，成为中国酿酒业的瑰宝。

要敬畏自然，这是不变的宗旨。

——汪俊林

白酒的酿造过程崇尚顺应自然，遵循时令。在特定时节，赤水河畔展开了郎酒人的酿酒盛事。

重阳下沙，即首次投粮，标志着新一轮酿造正式拉开序幕。从请水、润粮、拌粮、上甑，再到摊晾等一系列工序，蕴含着郎酒千年酿造工艺的传统智慧。

对于每年例行的下沙大典，郎酒股份总经理汪博炜深有感触。他认为对下沙大典的重视，正是郎酒人对品质追求的具体体现。汪博炜激动地说："我们已经多年如一日地举办这个活动，每一次都非常庄重、神圣，这对我们来说意义非凡。"

2019 年，郎酒成立了"品质研究院"，蒋英丽出任院长，汪博炜则担任总理事。这个研究院既保持了传统酿造的精髓，又融入了互联

红米高粱

这几十年的人生，来得这么不容易，像个奇迹一样。那我为什么不让这几十年的人生更精彩一点呢？

——阿来

网时代的数字思维。两种思维的碰撞和融合，推动了郎酒的品质管理和酒体设计的不断创新。

品质研究院是一个综合性的开放平台，吸引了众多科研机构和高校的加入。研究院的工作并不干扰主要生产的节奏，而是作为一个并行的“合作创新渠道”。通过项目合作，研究产品质量背后的科学机理。只有了解这些机理，才能将科学方法与传统经验相结合，使酒的品质得到更进一步的提升。因此，这些年来，郎酒的品质在逐步提升，每一步都是坚实的前进。

好酒的酿造不仅仅是简单的混合，它需要酿酒师将同一类型但不同特点的酒，按照独特的配比组合在一起，通过相互补充和平衡，突显主体香气，形成独特的风格特点，才能酿制出一瓶优质的酒。在这一过程中，酒体设计师扮演着关键角色，他们常常拥有一种“化普通为神奇”的能力。

品酒时，人实际上就是一台高度敏感的仪器。需要闭上眼睛，慢慢细品，咀嚼，舌头舔触，去感受酒液带来的各种味道，领略酒的丰富层次和独特韵味。

藏酒洞内景

在郎酒的品质建设中，敬畏自然，崇尚科学，一直是核心原则。汪俊林的创新之举在于2022年3月提出了《郎酒酱香产品企业内控准则》，是一个包含六大章节、115项企业标准的规范体系。这个准则对酿造、储存、筛选、勾调、上市销售的每一个环节进行了详细规范，高于国家标准和行业标准，确保了每一滴郎酒的生产过程都处于严格监管之下。从2022年开始，郎酒要求公布当年酱酒产量和总储量，并对每年的酱香郎酒销售总量进行限制。内控准则的颁布，让郎酒对市场和消费者的承诺更加真实和透明。

2023年，郎酒二郎滩、黄金坝、西河口、盘龙湾、美家沟和天富六大生态酿酒区六星连珠，酱香郎酒将达到7万吨的历史最高产量，这标志着郎酒在发展历程中又迈出了重要一步。而到2026年，郎酒的存储总量将达到30万吨，与此同时，酱香郎酒每年的销售总量将被控制在上年储存总量的十分之一，这意味着郎酒将持续保持稳健的发展态势，确保产品质量和市场需求的平衡。

在郎酒的世界里，每一滴酒都有一个动人的故事。郎酒的品牌故事是中国文化的传

重阳下沙

> 好酒都要藏在洞里，交给时间。作家的作品，不管今天你流不流行，我们经常说再过十年后，你还在不在；再过20年后在不在，都要交给时间去淘洗。只有经过时间考验，10年、50年、100年，这才是好东西。
>
> ——阿来

承，是历史的回顾，也是创新的探索。

在乡村振兴战略的号召下，郎酒积极参与当地经济的发展。郎酒的崛起不仅带动了当地经济发展，也为乡村振兴提供了可持续的动力。郎酒所在地区的村民们因为郎酒的发展，有了更好的生活，这也是乡村振兴的生动实践。

郎酒的崛起离不开中国传统文化的滋养。中国自古就是酒文化的发源地之一，郎酒将这一传统发扬光大。在郎酒的酿造过程中，奉行"顺自然之道，遵时令而酿"的古训，将对大自然的敬畏之心融入每一滴酒中。他们深知，好酒不仅仅是酿出来的，更是调出来的。郎酒的酿酒师们，就如同艺术家，懂得用心品味、调配，烘托出主体香气，形成独特的风格特点。这种独特的酿酒艺术，是对中国古老智慧的传承，也是对中国文化精髓的呈现。

郎酒的品牌故事扎根于中国历史的沃土。郎酒的每一滴酒，都蕴含着中国文化的精髓，让消费者在品味美酒的同时，也品味到了中国文化的博大精深。

郎酒的崛起得益于国家战略的引领。在“一带一路”倡议的背景下，郎酒积极参与国际文化交流，推动中国酒文化走向世界。郎酒的品牌形象，正是在这种国际视野下打磨出来的。而在“中国制造 2025”战略的推动下，郎酒进行了技术改造和创新，提高了生产效率，保障了产品质量，使得郎酒在市场竞争中脱颖而出。此外，在乡村振兴战略的引领下，郎酒积极参与当地产业的发展，为当地老百姓提供就业机会，带动了当地经济的繁荣。

郎酒的品牌建设，是中国传统文化与国家战略的智慧结晶。这个品牌不仅仅是一种饮品，更是一种文化的

酒厂内景图

酒库内景图

传承。在郎酒的每一滴酒中，都蕴含着中国传统文化的精华，都闪烁着国家战略的智慧光芒。这个品牌的崛起，是中国文化的崛起，是中国国家实力的崛起，更是中国智慧的崛起。郎酒的传奇故事，将继续在历史的长河中书写下去，为中国文化的传承与发展，为国家智慧的彰显，为乡村振兴与经济繁荣继续贡献力量。

在这个古老的酒乡，郎酒的传奇故事还在继续。每一滴郎酒都是对中国传统文化的致敬，是对千年酿酒智慧的传承。郎酒的发展不仅仅是一家企业的崛起，更是中国文化的辉煌。每一次品尝郎酒，都是一次文化之旅，一次与历史对话的机会。

从郎酒企业的发展过程中，我们看到了传统与现代的交融，看到了一个品牌如何在文化传承与国家战略的引领下，蓬勃发展，绽放异彩。“郎酒故事”告诉我们，传统文化是永不过时的宝藏，是企业创新发展的源泉。国家战略是引领产业前进的指南针，是企业持续发展的动力。郎酒的品牌建设，是传统文化与国家战略智慧的完美结合，也是中国智慧的闪耀典范。

中国传统文化是郎酒品牌的灵魂，郎酒深知，要在激烈市场竞争中脱颖而出，就必须找到独特的文化符号。郎酒通过挖掘中华优秀传统文化，将酿酒工艺与历史文化相结合，打造了独特的酒文化。郎酒的酿酒工艺，融合了古代智慧与现代技术，不仅保留了传统的酿酒方法，还引入了现代科技手段，确保了产品的品质和口感。郎酒庄园的建设，更是将古老的文化元素融入现代建筑，使得游客在品酒的过程中，仿佛穿越到了历史的长廊，感受到了中华文化的深厚底蕴。

国家发展战略则为郎酒提供了坚实的支撑。中国特色社会主义进

汪俊林与阿来在洞中开酒

因为我们经历过整个中国经济的发展周期，从最短缺、最贫穷，到了现在，基本走上一种富裕时代。现在我们有时间、有能力，来安心做酒，让时间把酒存下去。短期控制住挣钱的欲望。但我们只要真正为消费者做好服务。长期看，消费者一定会给你更大的回报。

——汪俊林

入新时代，国家提出了创新、协调、绿色、开放、共享的新发展理念，郎酒紧随国家战略的步伐，注重创新，倡导绿色发展。在生产制造中，郎酒积极引进绿色环保技术，降低生产过程的环境影响，致力于打造绿色生产基地。此外，郎酒还加大了科技创新的力度，不断提高产品的研发水平，确保了产品的市场竞争力。

与此同时，郎酒也积极响应国家扶持白酒产业的政策，加大对农村地区的扶贫支持力度，通过合作社、种植基地等方式，帮助当地农民提高收入，改善生活。这种精准扶贫政策的实施，不仅推动了当地农村经济的发展，也为郎酒提供了优质的原料。

郎酒的品牌建设与国家发展战略紧密相连，它不仅是中华传统文化的继承者和弘扬者，更是中国特色行业品牌建设的代表。郎酒的发展历程，是中华文化与现代商业智慧相结合的典范，也为其他中国特色行业树立了榜样。未来，随着时代的推移，郎酒将继续在中国文化的滋养下茁壮成长，在国家战略的引领下不断创新，为中华文化的繁荣与国家实力的提升贡献力量。郎酒的传奇故事，将永远激励着我们，让我们更加坚信，在传统文化的滋养和国家战略的引领下，中国的品牌必将走向世界，迎来更加辉煌的明天。

扫一扫，观看视频

金龙鱼　大国司厨

一家企业，围绕亿万国人的餐桌**深耕三十年**，成就**双奥品质**。

在中国文化中，“吃了没”这句问候话语承载着深厚的传统意义。这个简单的问题，既是日常交流的问候，也是国民经济最直观的体现。随着改革开放的不断深化，中国的国民餐桌也发生了翻天覆地的变化。

“益海嘉里金龙鱼”在这场国民饮食变革的浪潮中，用心耕耘了三十年。他们深入探寻亿万人民的味蕾，创造了双奥品质。这个品牌，像一股清流，渗透到亿万人民的生活中，每一口美味都是对健康和安全的承诺，每一

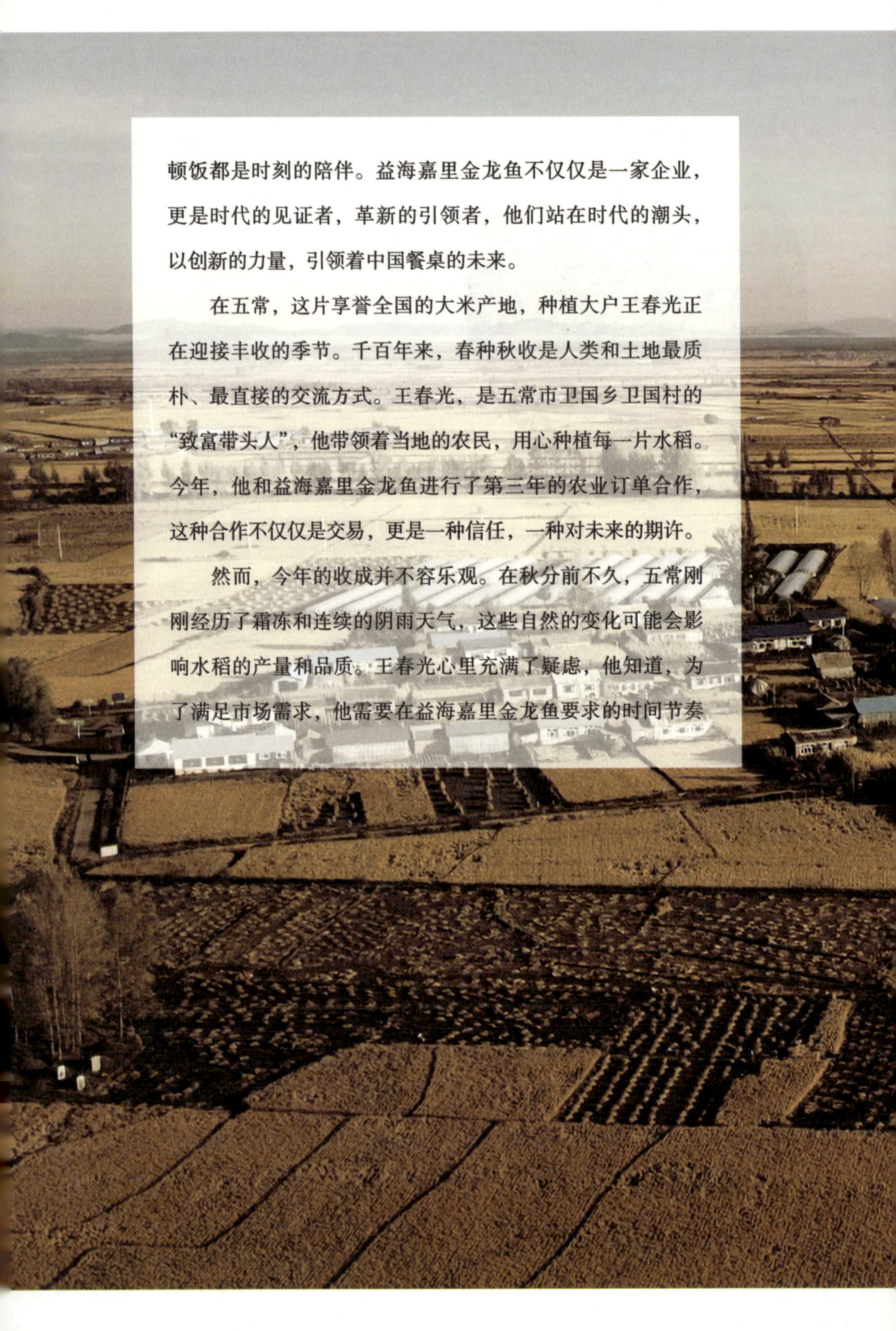

顿饭都是时刻的陪伴。益海嘉里金龙鱼不仅仅是一家企业，更是时代的见证者，革新的引领者，他们站在时代的潮头，以创新的力量，引领着中国餐桌的未来。

在五常，这片享誉全国的大米产地，种植大户王春光正在迎接丰收的季节。千百年来，春种秋收是人类和土地最质朴、最直接的交流方式。王春光，是五常市卫国乡卫国村的“致富带头人”，他带领着当地的农民，用心种植每一片水稻。今年，他和益海嘉里金龙鱼进行了第三年的农业订单合作，这种合作不仅仅是交易，更是一种信任，一种对未来的期许。

然而，今年的收成并不容乐观。在秋分前不久，五常刚刚经历了霜冻和连续的阴雨天气，这些自然的变化可能会影响水稻的产量和品质。王春光心里充满了疑虑，他知道，为了满足市场需求，他需要在益海嘉里金龙鱼要求的时间节奏

五常稻田

下进行收割，但天气的不确定性让他担忧不已。

这个时候，益海嘉里金龙鱼的团队意识到了问题的紧迫性。他们与王春光保持紧密沟通，共同研究天气的走势，制定最佳的收割计划，确保水稻的品质和产量。这不仅仅是一场商业合作，更是一种合作伙伴之间的相互支持与信任。他们明白，只有保障好每一粒米的品质，才能满足当下新的市场需求，继续传承米饭这一中华饮食文化的重任。

在这个过程中，各方的努力都在为中国餐桌上的每一顿饭，每一位消费者的健康和幸福助力。米饭，这个千年来的中华饮食的传统主角，在时代的变迁中，依

陈波在超市考察市场

一般我们都四点钟起来，五点钟就下地了。

——王春光

然承载着中华民族的饮食文化，它在不断创新中迎来新的生机与活力，为我们的餐桌增添了更多的色彩与味道。

陈波，作为益海嘉里食品营销公司的董事长兼总经理，堪称中国菜市场和超市的行家里手。他不仅是企业的领军人物，更是在这个行业里度过了长达26年的光辉岁月。他保持着对一线市场的敏感度，这种习惯早已融入了他的工作生活，也成了他成功的秘诀。这种敏锐感让他能够及时了解市场的脉动，捕捉到消费者需求的变化趋势。

近年来，陈波观察到消费者对大米的需求发生了转变。他认识到，如今的消费者不仅追求米饭的口感，更注重米饭的新鲜度。

“吃米也要吃鲜”，这一认知对大米的生产提出了新的挑战。在这个背景下，益海嘉里金龙鱼创新推出了“六步鲜米精控技术”创新体系。这个系统涵盖了“鲜割、鲜谷、鲜存、鲜碾、鲜装、鲜食”六个关键环节，通过运用先进技术和工艺，从整个产业链出发，确保大米的新鲜度和食用品质。

在这一技术体系中，“鲜割”是第一环节，也是至关重要的一步。收割时机关系着农民的收成和稻谷的品质。过去，农民只能依赖经验来判断合适的收割时机。然而，现在，有了“六步鲜米精控技术”的大家普遍认为，中国人吃米面油上千年了，一直是这样的，不存在太大的创新了。实际上不是的，在米面油行业中还有很多的科技提升和创新机会。

——陈波

每一年、每一项工作中，对我来说都很满足，都很有意义。

——王巍

引领，他们可以在稻谷成熟度达到百分之九十左右的时候，精准地进行收割。这不仅可以避免稻谷的水分和营养物质被呼吸作用消耗殆尽，还能减少稻谷自然脱落带来的田间损失。

对王巍（益海嘉里米业负责人）和他带领的米业事业部来说，运用“六步鲜米精控技术”革新生产模式，不仅仅是对过去经验的总结，更是对创新能力的挑战。这种精益求精的态度，让益海嘉里金龙鱼的大米始终保持着最新鲜、最美味的状态，成为消费者餐桌上的首选。在这个过程中，每一粒大米都是精心呵护的结果，也是对消费者的负责承诺。这种追求完美的精神，不仅让大米的生产更加科学高效，也为消费者带来了更好的用餐体验。

在推广“鲜割”模式的过程中，王巍和他的团队面临着巨大的挑战，那就是说服合作的农户。他们深知，要打消农户们心中的疑虑，就必须让他们亲身体验到这种创新模式的优势。因此，王巍亲自走进田间，参与启动鲜割活动，不仅向农户们传达了“六步鲜米精控技术”的巨大潜力，也深刻体会到了收割劳作的辛苦与喜悦。

“六步鲜米精控技术”的推广不仅使得消费者能够享受到更加优质的鲜米产品，同时也在田间领域取得了显著的成果。通过这一创新模式，农田损失率至少减少了5%。以北方一个典型水稻产区的估算为例，如果广

王巍和团队讨论“六步鲜米精控技术”创新体系

大米生产线

泛采用鲜割模式，将会减少约 235 万吨的损失。这个数字相当于吉林省水稻年产量的三分之一，足以说明这种技术带来的巨大效益。

“六步鲜米精控技术”不仅受到市场的认可，还在科技领域引起了高度关注。该技术体系作为稻谷加工先进模式的探索成果，已经向中国粮油学会申请了科学技术进步奖。为了能够顺利向中国粮油学会申请科学技术进步奖，研发中心的姜元荣博士和团队正在紧锣密鼓地进行答辩，他们用科学的数据和实际效益为“六步鲜米精控技术”背书，为其在行业内树立了标杆。

这种创新模式的成功不仅是益海嘉里金龙鱼水稻加工生产实践的最新体现，更是中国农业科技的一大突破。它不仅为农民创造了更多的收入，也为中国粮食产业的可持续发展铺平了道路。这种持续不断的创新和探索，使得中国的农业技术在国际舞台上逐渐崭露头角，为世界粮食安全贡献了中国的力量。

在过去，我国拥有全球约三分之一的稻米产量，但传统的产业模式只关注大米的生产，而忽视了加工过程中产生的稻壳和米糠等副产品。这些废弃物无法有效利用，不仅浪费了资源，还可能导致环境污染。为了解决这一问题，益海嘉里金龙鱼经过十多年的生产与研发探索，建立了水稻循环经济模式，充分利用废副产品，拓展了水稻加工产业链。

在这个模式中，稻壳被用作燃料，产生的稻壳灰则提取出活性炭、白炭黑等高附加值产品，作为工业原料。而米糠，作为水稻加工的主要副产物，也受到了特殊关注。研发中心的姜元荣博士率领团队进行了深入研

姜元荣在实验室

> 我们很愿意把“六步鲜米精控技术”，跟整个行业分享，我们认为这个技术对国家经济和科技兴农都很重要。希望整个行业都能向这个技术方向发展。
>
> ——姜元荣

究，发现每一粒稻米中，有64%的营养成分来自米糠，包括谷维素、植物甾醇等天然营养素。而米糠中含有约15%的植物油脂，是优秀的食用油原料。

然而，精炼稻米油的技术过去只被日本掌握。姜博士和团队面临的第一个挑战是如何稳定处理米糠。他们历经近十年的时间，攻克了一个又一个技术难题，研发出酶法脱胶、稻米油功能因子保留等20多项技术专利，实现了稻米油精炼的突破。这一创新不仅填补了水稻循环经济模式的重要环节，也为益海嘉里金龙鱼找到了粮油行业“绿色精准适度加工”的未来发展方向。

在中国，由于人口众多而耕地有限，农业政策一直以保主粮为优先。这导致了油料、油脂依赖进口的局面，每年需进口油料、油脂达上千万吨。然而，稻米油精炼技术的发展为油料进口减轻了压力。如果全国约2亿吨水稻加工产生的米糠都能用于榨油，将可生产约230万吨稻米油。这相当于全国小包装油供应量的5%，相当于为国家节省1.1亿亩大豆耕地，为中国的油脂自给提供了有力的支持，也为中国农业的可持续发展提供了重要保障。

自 1991 年益海嘉里金龙鱼推出第一瓶小包装食用油以来，他们一直引领着整个粮油行业的消费变革，不断满足消费者对美味和健康的追求。

食用油不仅是我们追寻美味的“好助手”，也是日常生活中的必需品。然而，其中的反式脂肪酸却一直对人类的健康构成威胁。据世界卫生组织统计，每年有 50 多万人因摄入反式脂肪而死于冠心病。在这样的背景下，益海嘉里金龙鱼联合高校进行了长达十多年的研究，推出了零反式脂肪酸系列食用油。

实现对单一油种、单一批次的反式脂肪酸精准控制并不是难事。然而，在不同油种、所有批次上实现“零

金龙鱼成为奥运赞助商

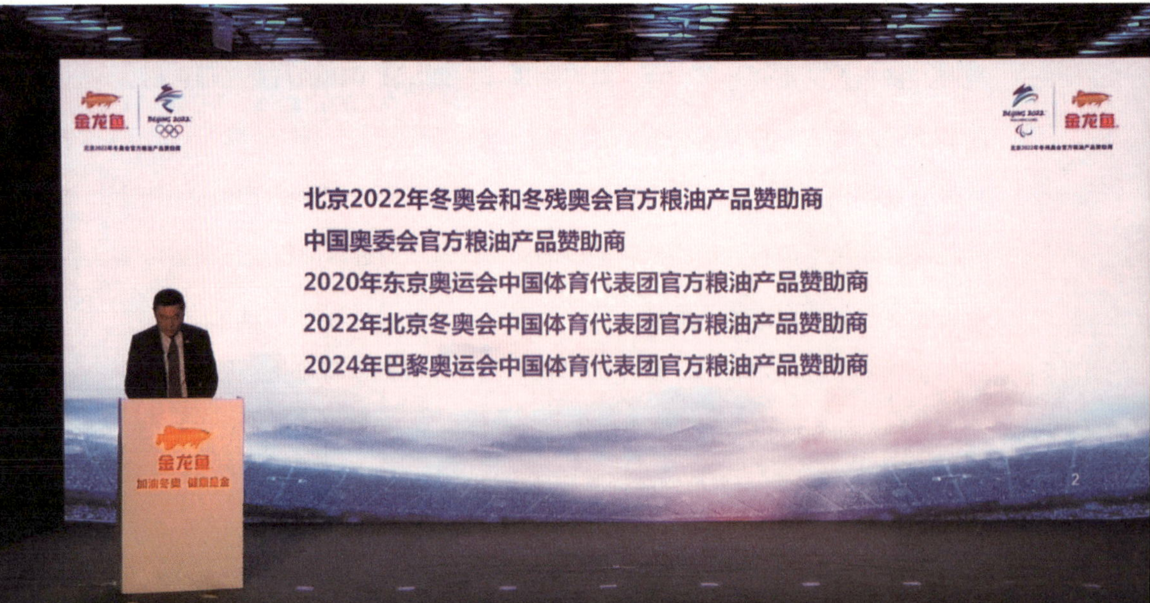

通过研发，通过创新，创造出新的产品和需求给到消费者。一方面给消费者带来好处，另一方面给我们企业也带来很大加分。这么多年我们一直坚持创新，让我们的品牌得到消费者越来越多的认可和欢迎。

——陈波

反式脂肪酸”，在全世界范围内还从未有过。为了实现这一目标，益海嘉里金龙鱼进行了大规模的改造，投资了 3 亿资金。他们针对每一种油种研发了不同的加工工艺，进行了精准定制。在这个过程中，他们克服了优质原料的供应链挑战，最终实现了业内前所未有的突破。这个突破不仅意味着消费者可以在享受美味的同时保持健康，也为整个食用油行业的发展树立了新的标杆。益海嘉里金龙鱼的零反式脂肪酸系列食用油，不仅满足了人们对美味的追求，更保障了他们的健康，成为市场上备受追捧的健康选择。

在这个愈发多元包容的时代背景下，益海嘉里金龙鱼看到了多元品牌价值的机遇。在追求科技升级以满足新的消费需求的同时，他们也在古老的传承中寻找珍宝。这种多元包容的态度不仅体现在产品设计上，更体现在品牌的文化内涵和传承上。

益海嘉里金龙鱼以中华优秀传统技艺与现代商业文明相结合，重新定义了品牌的价值观。特别是在花生油品类中，“胡姬花”品牌独树一帜，凭借其独特的品质和口感，赢得了广泛消费者的喜爱。这种传

> 呈现在消费者面前的这一瓶健康升级的食用油，在它的背后是有我们很多汗水和泪水的。把大批量的食用植物油做到零反式脂肪酸，这是我们技术上的重大突破。即使实在油脂加工技术非常先进的欧洲，都无法做到。
>
> ——姜元荣

统与现代的结合，让益海嘉里金龙鱼的产品不仅具有历史渊源，还能满足当代人对品质生活的追求，进一步提升了品牌的价值。

对于陈波来说，品牌价值的升级和品牌故事的表达成了工作中的当务之急。在 2008 年奥运会首次来到中国的时候，这是益海嘉里金龙鱼展现品牌力量与企业品质的重要时机。2022 年，随着奥运再一次回到中国，北京成为双奥之城，益海嘉里金龙鱼早已发展成为千亿级的粮油行业巨头。陈波对参与奥运的热切期盼不仅源自对国家体育事业的支持，更是对品牌持续发展的信心和期许。这次奥运盛会将为益海嘉里金龙鱼提供新的舞台，也是他们展现多元品牌价值和传承文化的绝佳机会。通过参与奥运，他们将继续传承中华文化，彰显品牌的社会责任感，为社会贡献更多正能量。

通过公开投标，益海嘉里金龙鱼成功成为了北京 2022 冬奥会官方赞助商，不仅如此，他们还连续三届成为中国体育代表团官方粮油赞助商，包括 2020 东京奥运会、2022 北京冬奥会和即将到来的 2024 巴黎奥运会。这种持续的合作不仅是对益海嘉里金龙鱼品牌实力的认可，也是他们在体育赛事中发挥社会责任的具体体现。

在体育赛事的赞助背后，益海嘉里金龙鱼还积极与国家体育总局、中国营养学会等机构合作，推进营养师入队计划。这项计划旨在提供专业的营养指导，帮助运动员合理膳食，保持身体健康，提高体育竞技水平。这种积极参与国家体育事业发展的举措，彰显了益海嘉里金龙鱼作为企业的社会责任感和使命担当。

在中国粮油行业的发展历程中，从满足温饱到追求营养健康的饮食，是一个短短几十年内发生的巨大变

姜元荣指导研发工作

革。益海嘉里金龙鱼在这个过程中扮演着积极推动者的角色，企业中的市场与技术人才，如陈波、王巍和姜元荣，几十年如一日地耕耘，致力于提供高品质的食用油和相关产品。他们的努力不仅体现在企业的品牌力量上，也体现在国民餐桌的变迁中。

其中，“六步鲜米精控技术”的成功更是益海嘉里金龙鱼研发实力的强大体现。该技术得到了中国粮油学会的高度认可，姜博士和团队的答辩顺利通过，并且帮助该技术获得了中国粮油学会科学技术奖本年度唯一的“特等奖”。这不仅是他们团队智慧和努力的结晶，也是中国粮油行业的创新巅峰，为中国饮食文化

陈波与一线员工交流

> 我原先是在高校当老师，在学校里主要是做科研和写论文。到了企业里，真正地体会到习近平主席说的“把科研论文写在祖国的大地上”，我的理解是，把科研人员的技术能够落地，要让老百姓消费得起。
>
> ——姜元荣

的提升和国民健康提供了更为可靠的保障。益海嘉里金龙鱼的不懈努力，不仅是企业自身发展的成功，更是为中国的粮食产业发展树立了标杆，为中国人民提供了更健康、更美味的食品选择。

离开高校后，姜博士选择加入益海嘉里金龙鱼集团，投身商业研发领域，他用二十多年的时间实践着研发人员的初心。这段时间，她不断探索创新，为公司的技术进步和产品品质提升贡献着自己的智慧和力量。她坚守初心，致力于研发领域，不仅带动了团队的进步，也推动了公司在粮油行业的发展。

对于农民王春光来说，每年的丰收都关系着家庭的生计。参加了益海嘉里金龙鱼的鲜割仪式后，他放下了心头的担忧，对今年的收成充满信心。回顾过往的合作经历，他对益海嘉里金龙鱼的产品质量和服务深感满意，也期待着明年的合作，为家人带来更好的生活。

在粮油行业奋斗了整整 30 年的王巍，依然能找到前进的动力。

陈波在 1995 年加入了集团，从一线的销售员工做起。当年的他或许从未想到，会和这个企业一路同行，共同见证并参与了益海嘉里金

> 金龙鱼的发展也是得益于中国的改革开放，中国经济的高速发展，也一路得益于中国消费者对金龙鱼的认可。对于未来，希望能够做到国人高质量生活的奉献者，做到行业高质量发展的探索者，同时做到国家高水平开放的参与者。
>
> ——陈波

龙鱼的成长和壮大。陈波的故事是公司发展历程的缩影，他的坚持和努力，是益海嘉里金龙鱼团队不断壮大的力量之源。

三十多年来，益海嘉里金龙鱼一直心系每一粒米、每一滴油。他们以技术创新和革新为动力，不断生产优质产品，参与亿万国人的一日三餐。他们的产品滋润着人们的口舌，填饱着人们的肚子，也在其中成就着品牌力量和中国粮油行业的崛起。他们不仅仅是生产食品的企业，更是承载着人们美好生活期望的信任之选。益海嘉里金龙鱼，用心，滋养生活。

大型食品企业的品牌建设通常是一个综合性的过程，需要结合企业的发展战略、市场需求和消费者期望，同时也需要考虑国家的发展趋势和产业政策。在金龙鱼品牌发展历程中，我们可以看到以下几个关键点，这也是大型食品企业品牌建设的通用原则。

品质保障和技术创新。大型食品企业需要以优质产品为基础，持续提高产品的品质和安全标准。同时，通过技术创新，不断推出适应市场需求的新产品，保持市场竞争力。

文化传承和品牌故事。企业的价值观和文化传统是品牌建设的重要组成部分。传承企业文化，让消费者了解企业的背后故事，建立情感共鸣，能够加深顾客对品牌的认同感。

社会责任和可持续发展。大型食品企业需要关心社会问题，积极参与公益事业，体现企业的社会责任感。同时，注重可持续发展，包括环保、资源利用和社会公平等方面，塑造绿色、可靠的企业形象。

市场定位和差异化竞争。针对不同市场需求，大型食品企业可以考虑多品牌战略，满足不同消费群体的需求。通过市场细分，可以更好地进行定位，实现差异化

陈波考察市场

竞争，满足不同消费者的需求。

创新营销和数字化转型。创新的市场营销策略，包括社交媒体营销、内容营销和线上线下结合的销售模式，能够更好地触达目标消费者。同时，数字化转型可以帮助企业更好地了解消费者需求，提高市场反应速度。

国际化布局和本土化运营。随着全球化的发展，大型食品企业需要在国际市场上建立品牌形象，同时在本土市场进行本土化运营，满足不同文化、口味的需求。

在金龙鱼的发展历程中，这些要点得到了很好的体现。他们从技术创新、品质保障、社会责任等方面不断努力，使得益海嘉里金龙鱼品牌成为中国食品行业的代表之一。这种经验对于其他大型食品企业的品牌建设也具有一定的借鉴意义。

扫一扫，观看视频

云南白药　大峡谷中的守护

已经走过整整**两个甲子**的云南白药，依然践行着**守护生命**与健康的诺言。百年品牌**风华正茂**，迈向下一个**百年征程**。

十年前，云南怒江河畔，一条滑索是乡村医生邓前堆穿越江河的唯一通道，他用这条脆弱的线索，穿梭在乡亲们的疾苦之间，演绎着一曲感人至深的坚守与奉献。

和邓前堆一样，赵友员，一位 59 岁的医者，是福贡县鹿马登乡的乡村医生，他在崇山峻岭间坚持了整整 41 年。余付友，来自月亮乡，每当夜深人静，他依然抱着婴儿，在寂静的夜晚里，默默地步入乡村医院。娜玉胡，48 岁，是福贡县上帕镇的乡村医

怒江大峡谷

生，22 年来，她在村里接生了数百个孩子，每一个新生命都是她呵护的希望。福荣花，35 岁，匹河乡的乡村医生，眼前的岁月似乎还很长，她有着 20 年的医疗生涯等待着。

然而，岁月在这片土地上并没有停滞，脱贫攻坚的号角吹响，怒江傈僳族自治州告别了溜索出行的历史。方便了乡亲们的出行，新的道路在大地上铺展。同时，党中央和国务院加强部署乡村医生队伍建设，他们的服务得到了更多的认可，服务收入的补助也更加完善。令人振奋的是，140 万乡村医生将免费接受培训，他们将在培训的熏陶下，更好地为乡亲们提供医疗服务。

在这一切的背后，也有云南白药15年来的坚守与付出的影子。云南白药积极响应国家脱贫攻坚战略，为众多乡村医疗队伍提供公益帮扶，解决乡村医生们的实际困难。这是一场医者情怀与希望的公益帮扶活动，是乡村医生们辛勤付出的背后，有人在默默守护，让他们的使命更加坚定，让每一个乡亲都能享受到健康与温暖。

在怒江大峡谷的静谧中，拉马底村的乡村医生邓前堆和恰付英穿梭于险峻的山间小

邓前堆和恰付英在山谷中穿行

邓前堆给杜马芝奶奶量血压

邓前堆和恰付英给签约户看病

我们从拉马迪村到这条路，以前是没有路的。人都过不去，有一次我差点掉下去了，下面都是悬崖。

——邓前堆

路上。他们背负着“百药箱”和“签约囊”，车辆启动的声音在寂静的山谷中回荡，宣告着一天的工作即将开始。

邓前堆，从 1983 年开始，一直是拉马底村不可或缺的医生，被村民们亲切地称为“索道医生”。他曾冒着生命危险穿越悬崖峭壁，通过简陋的索道，来往于村寨之间，为居民提供医疗服务，用自己的坚持守护着这片土地上的每一个生命。

恰付英，自 2005 年起，一直默默地服务于拉马底村。她不计报酬，奔波在山间小道，已累计为一万余人次接诊，近三千人次出诊。她被村民们誉为“村民健康的守护者”，是村庄的骄傲。

恰付英微笑着对记者说：“现在有了车，我们可以更方便地将药品送到每一个村民的家门口，确保他们能够及时得到治疗。”

拉马底村位于怒江大峡谷深处，地势险峻，道路艰难。两位医生冒着滑坡和悬崖的危险，穿越泥泞的山路，为了前往患者家中，他们经常需要数小时的跋涉。恰付英坚定地说：“现在最重要的是保证安全，生命比一切都重要。”邓前堆也赞成恰付英的看法：“我们不仅要关心患者的健康，也要确保自己的安全，只有活着，才能继续守护更多的生命。”

尽管面临着极大的困难，邓前堆和恰付英的决心坚如磐石。在这片偏远而美丽的土地上，他们是村里唯二的乡村医生，也是云南白药坚持“守护生命与健康”的使命的忠实践行者。他们的使命不仅是医治疾病，更是守护生命，为村民们带去希望与温暖。

随着“家庭医生签约服务”的开启，邓前堆和恰付英充满期待。他们希望通过签约服务，能够与村民建立更加紧密的联系，为他们提供更好的医疗保障。在这个新的征程上，云南白药将一如既往地支持他们，为他们的使命提供坚实的后盾，让他们的医者情怀得以延续，为“宜居宜业·和美乡村”的美好愿景贡献自己的力量。

金秋时节，阳光透过浓密的树叶洒在怡人的山间。在怒江大峡谷的山村里，杜马芝奶奶和孩子们回到了山中的老宅。每年10月，到了草果丰收的季节，也是他们回到故

怒江大峡谷

土，开启采摘与烤果的日子。

在这个特殊的日子里，乡村医生邓前堆和恰付英来到了杜马芝奶奶的家。他们细心地为杜马芝奶奶进行体检，测量血压和血糖。杜马芝奶奶笑容满面，她的血压略高，邓前堆和恰付英为她详细解释着药物的用法和注意事项。恰付英翻看着医疗记录，邓前堆专心测量血糖。村里的居民需要他们的帮助时，他们总是耐心倾听，细致入微。

在这个偏远的山区，乡村医生承担着居民的健康守护责任。他们不仅仅是医生，更是山区群众的信任和依赖的对象。每一次的医疗服务都是一次耐心和关爱的传递。

邓前堆和恰付英对普阿剥爷爷进行健康检查

> 回想那么艰苦的岁月，村民们自己舍不得吃的东西却送给我，内心很感动。每看完一个病人的时候，内心告诉我，他们需要你。
>
> ——邓前堆

邓前堆和恰付英为杜马芝奶奶提供的药品是由云南白药公司捐赠的，这支援带给了村民们珍贵的健康资源。在医生的建议下，杜马芝奶奶将按时服用药物，保障自己的健康。在这片静谧的山间，乡村医生的关爱无处不在，他们的微笑，是健康和希望的象征。这个小小的瞬间，见证了乡村医生无私奉献的承诺，也见证了云南白药公司对健康的珍视。

怒江大峡谷的阳光透过浓密的树叶，洒在拉马底村的大地上。在这个偏远的山区，乡村医生邓前堆和恰付英扛起了“家庭医生签约服务”的使命。他们的任务是完成健康签约，确保村里老年人、孕产妇、儿童，以及患有高血压、糖尿病、结核病、严重精神障碍等的居民能够得到日常健康需求的满足。

邓前堆和恰付英在拉马底村走访居民，他们将村里的老人普阿剥爷爷列为优先关心对象。普阿剥爷爷，87 岁高龄，每天最大的乐趣就是晒太阳，而最期待的则是邓医生和恰医生的到来。他们关心地询问普阿剥爷爷的身体状况，测量血压，细致入微地记录每一个细节。普阿剥爷爷在医生的关爱下，感到无比温暖。

在普阿剥爷爷的家里，邓前堆和恰付英对普阿剥爷爷进行了健康检查，当地居民的咨询电话不停响起，需要他们的帮助的人络绎不绝。普阿剥爷爷向医生们反映腰部疼痛的情况，他们细心地检查，同时为他安排了输液治疗。电话中的居民们不断询问医生们的到达他们家时间，充满着对医生的信任和期待。

在这个偏远的地方，乡村医生的工作并不轻松。他们既要完成现阶段的家庭医生签约服务，又需要处理居民的紧急求助，确保每个人得到及时的医疗帮助。尤其对于邓前堆和恰付英来说，面对着众多电话咨询，他们的任务异常繁重。然而，他们坚守在医生的岗位上，始终不懈努力。

恰付英给友阿才夫妇看病

如果我手和腿都没有受伤的话，就可以去找猪食了。但是现在就没有办法了。非常感谢你们给我们带药。

——你恒来（友阿才妻子）

邓前堆和恰付英的目标是明确的，他们希望在 2023 年能够签约 500 人，为更多村民提供更全面的健康服务。尽管面临着巨大的压力，他们依然兢兢业业，努力提升业务能力，确保每一位居民得到精心照顾。他们希望不断地向前迈进，从被动医疗向主动健康管理的转变，为村民们的健康保驾护航。在完成了今天的家庭签约任务后，他们继续在办公室录入数据，备战明天的医疗任务，展现着坚持与奉献的医者精神。

在福贡县人民医院，这是百姓们最不愿意常去的地方，但对于这里的 157 名乡村医生们，它却是最期盼常去的地方。

在全场的热情欢迎中，云南白药集团股份有限公司的代表路红东上台发表了慰问辞。他对乡村医生们表示深深的敬意，指出病人把他们视为最可靠的人，云南白药连续 15 年助力乡村医生，未来也会继续。

回顾过去，2007 年，国务院印发了《兴边富民行动“十一五”规划》，广泛动员社会各界参与，加大对边境地区的投入和对广大边民的帮扶。2008 年，云南白药积极响应兴边富民行动，前往福贡县实地调研，希望通过公益帮扶的方式解决“看病难”“就医难”的问题。自那时以来，云南白药坚持每年向福贡县捐赠乡村所需的药品和健康品，并与县政府相关部门协同开展乡村医生培训，培训覆盖率达到 100%。

这次特殊的培训活动，邀请到了骨神经外科的专家杨敬东。在培训中，他分享了关于膝关节疼痛的专业知识，深入浅出地为乡村医生们解答问题，指导他们如何更好地缓解患者的疼痛。在学习交流的过程中，乡村医生们积极提问，专家们耐心回答，知识在互动中传递。一箱箱药品，一场场培训，无声地汇成了一股澎湃的活力，滋养着怒江峡谷中居民的生命。这是一场医学知识的盛宴，也是对偏远地区乡村医生们无尽关爱的延续。

在阳光下，邓前堆和恰付英认真地清点着云南白药送来的药品。曾经因为签约问题受挫的家庭医生签约服务，在师徒二人的共同努力下，终于找到了合理的解决方案——邓前堆坐镇卫生室，等待着前来就诊的村民，而恰付英则带来了一个神秘而年轻的助手。

一个年仅 31 岁的乡村医生，来自福贡县石月亮乡的米俄洛村。她和恰付英有着共同的使命和目标——完成 2023 年的家庭签约任务。这个年轻的女孩，名叫蔡春花，以其快捷而高效的工作方式，赢得了

> 要对我们的乡村医生，表示敬意。病人是把他们当作最可靠的人，所以十五年来，云南白药一直坚持支持他们。
>
> ——路红东（云南白药集团党委副书记）

云南白药组织的乡村医生培训

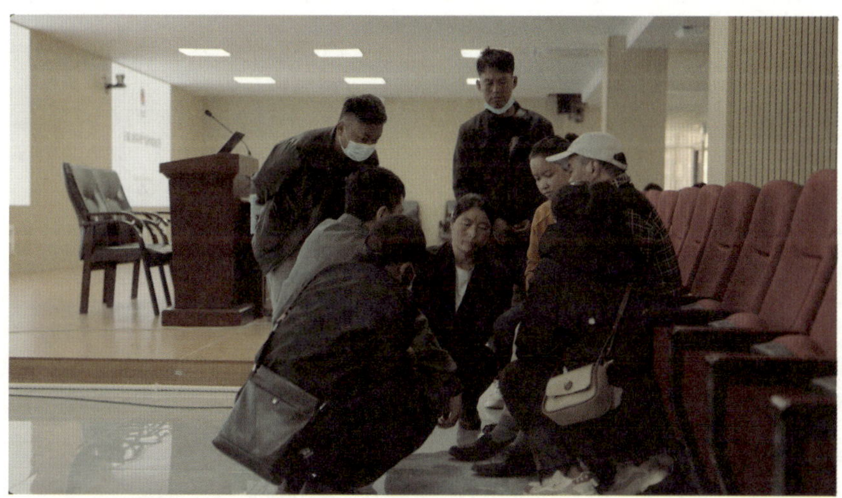

乡村医生培训现场交流学习

大家的赞誉。

在阳光明媚的日子里，邓前堆和恰付英带着蔡春花一同前往一户村民家中。友阿才，一位年迈的村民，正在晒太阳，热情地迎接着他们。恰付英关心地询问着友阿才的身体状况，她细心地测量着血压，询问着最近的身体感觉。友阿才虽然身体不再年轻，但依然乐观坚强，他和家人互相照顾，共同面对生活中的挑战。

在恰付英的指导下，友阿才接受了云南白药提供的药品和护理。恰付英细致地教导他如何正确使用药膏，如何贴敷药物。这不仅是医学知识的传递，更是对村民们关爱。友阿才感慨地说，感谢乡村医生的到来，因为乡村医生的帮助对他们来说意义非凡。

在这个偏远的村庄里，乡村医生们的辛勤工作带来了健康和温暖。师徒二人和蔡春花用实际行动践行着对村民们的关怀，希望每一位村民都能享受到更好的医疗服务，过上健康快乐的生活。他们的付出，

2022年云南白药捐赠仪式

> 孩子们要干活，忙不过来，她只能照顾我，今年她生病了，我只能在家照顾她。就算有病痛，这个家还是要维系下去。
>
> ——友阿才

是对生命的尊重，也是对医者使命的践行。家庭医生们是百姓健康的“守门人”，而云南白药则希望成为他们背后的“守护者”。

蔡春花和恰付英穿越陡峭的小路来到村民此前哈的家里，此前哈背着 3 个月大的女儿——这个村庄里最年幼的签约居民，她还有一个 3 岁的哥哥。在农村，家庭医生不仅是医术娴熟的医者，还是村民信赖的朋友。

恰付英为小女儿测量了体重，这是个小小的仪式，标志着一个月龄的孩子已经度过了一个月的成长。尽管孩子在接受血糖测试时哭闹不止，但家人们都在一旁宽慰着，安抚着她。在这个家庭里，医生的责任不仅仅是医治疾病，还包括了关心儿童的成长和健康。

此前哈的妻子和母亲也在家，她们一直在家中等待着医生的到来。恰付英解释着血糖测试的重要性，强调了小心谨慎的必要性。这种耐心和关怀，让村民们深感温暖和信任。在医生的指导下，孩子们得到了适当的照顾，每一次小小的建议，都为村民们的生活增添了一份安心。

除了医疗服务，恰付英心中还有另一个牵挂。她提到了哥哥，那个已经 3 岁的孩子。在恰付英的心中，儿童的智力发育是一件非常重

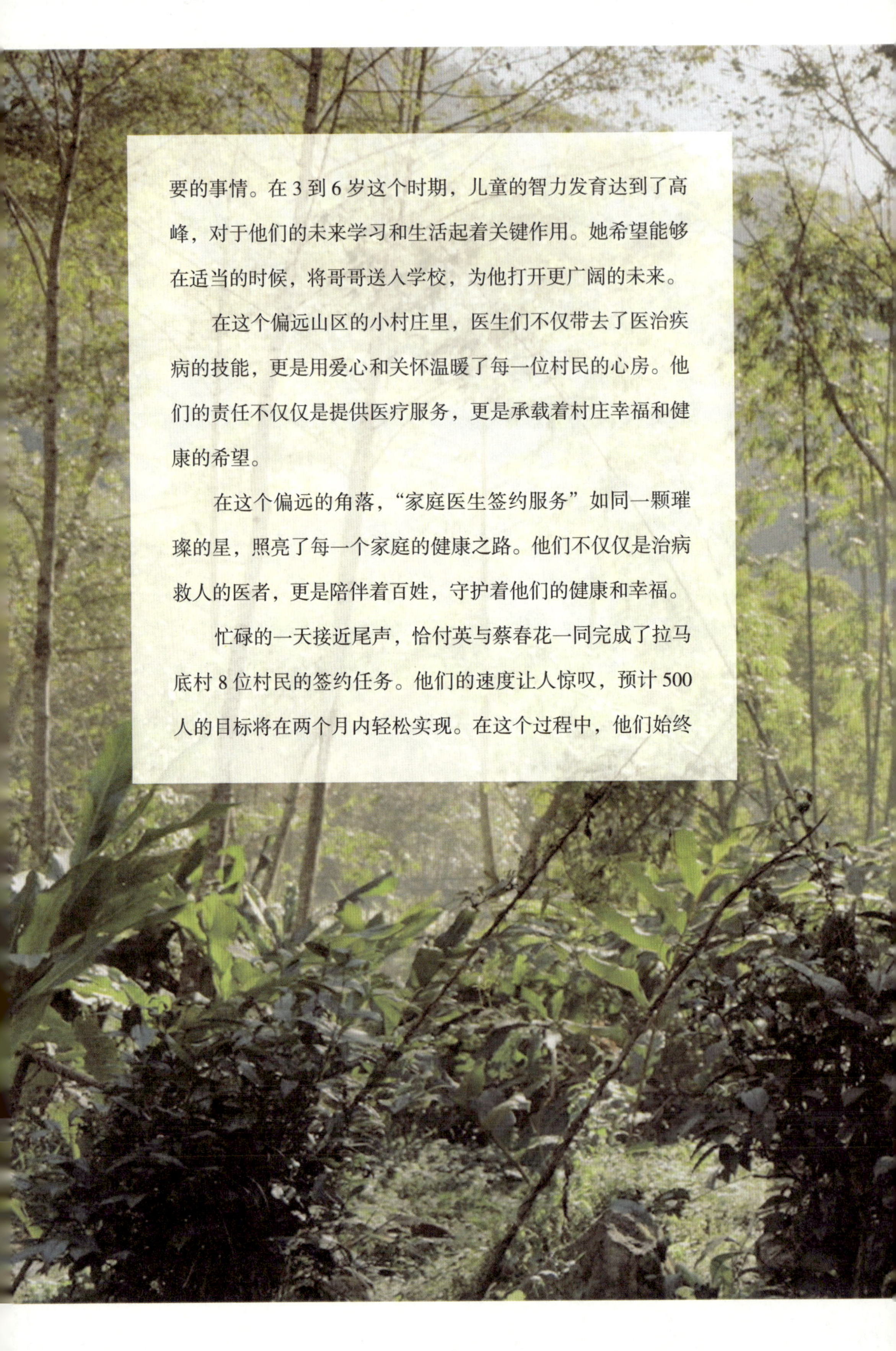

要的事情。在 3 到 6 岁这个时期，儿童的智力发育达到了高峰，对于他们的未来学习和生活起着关键作用。她希望能够在适当的时候，将哥哥送入学校，为他打开更广阔的未来。

在这个偏远山区的小村庄里，医生们不仅带去了医治疾病的技能，更是用爱心和关怀温暖了每一位村民的心房。他们的责任不仅仅是提供医疗服务，更是承载着村庄幸福和健康的希望。

在这个偏远的角落，“家庭医生签约服务”如同一颗璀璨的星，照亮了每一个家庭的健康之路。他们不仅仅是治病救人的医者，更是陪伴着百姓，守护着他们的健康和幸福。

忙碌的一天接近尾声，恰付英与蔡春花一同完成了拉马底村 8 位村民的签约任务。他们的速度让人惊叹，预计 500 人的目标将在两个月内轻松实现。在这个过程中，他们始终

恰付英和蔡春花走在密林之中

云南白药七花公司

得到了云南白药的全力支持与鼓励。云南白药，作为这片土地上的“信赖伙伴”，一直陪伴着医生们，守护着人们的健康。

福贡县的 157 名乡村医生，怀着对人民的无限热爱，用他们不懈的努力，勾勒出了这片土地上健康中国的壮丽画卷。而云南白药，则一直秉持着守护生命与健康的承诺，传承着百年品牌的光辉。他们迈入新的百年征程，愿意以“健康中国”为目标，继续发光发热。

医药企业品牌建设在当今社会发展中扮演着至关重要的角色，尤其是在满足国家发展战略需求的同时。云南白药作为一个具有百年历史的品牌，为我们提供了许多成功的经验和启示。

研发创新与技术引领。医药企业首先应该注重研发创新，不断提高自身的技术实力。在适应国家战略需求的同时，积极研发新药、新疗法，满足国家卫生健康事业的要求。同时，关注健康领域的前沿科技，积极采纳人工智能、大数据等现代科技手段，提供更精准、高效的医疗服务。

社会责任与公益活动。医药企业应该担负起社会责任，积极参与公益活动。这不仅提高了企业的社会形象，也为企业树立了良好的品牌形象。例如，云南白药通过捐赠药

云南白药丽江太安基地

品、开展健康知识宣传等方式，回馈社会，提升了品牌的社会影响力。

产品质量与安全。医药产品关乎人民的生命安全，因此，确保产品质量与安全至关重要。企业需要建立健全的质量管理体系，加强生产过程监管，确保产品符合国家标准，给消费者提供安全可靠的药品。

建立良好的服务体系。医药企业需要建立起良好的售后服务体系，为患者提供及时、周到的服务。良好的服务不仅能够提高患者满意度，还能够增强品牌的忠诚度，形成良好的口碑。

品牌文化与价值观。医药企业应该树立积极向上的品牌文化和价值观。这种文化应该能够与国家的发展战略相契合，传达出企业的社会责任感和使命感。同时，企业的价值观应该注重对患者的关爱，强调人文关怀，从而树立起亲和力强、值得信赖的企业形象。

医药企业的品牌建设需要在技术实力、社会责任、产品质量、服务体系、品牌文化等多个方面全面提升，与国家的发展战略相一致，为社会健康事业的发展贡献力量，也为企业自身的可持续发展打下坚实的基础。

扫一扫，观看视频

中国工商银行　加更多　家更美

当微风吹过，山水林竹之间，无数**美好与改变**正在孕育生成，中国工商银行“**绿色银行+**”所引领的**绿色金融**的力量，推动着人们对新事物、**新业态的探寻**。

走进新时代，人们追寻美好未来的脚步从未停止。他们不满足于停留在梦想中，而是用创意的力量将这些美好构想变为现实，而在这个美好的世界里，绿色被视为最为关键的基础。绿色象征着生机与希望，是构筑美好未来的重要底色。

在虹桥国际经济论坛的中，中国工商银行行长廖林发表了演讲。中国工商银行是一家积极践行创新、协调、绿色、开放、共享新发展理念的大型金融机构。在迎接“碳达峰、碳中和”的时

中国工商银行总部大楼

中国工商银行“工银绿色银行+”发布会

代挑战的同时，中国需要各个领域的领导者，他们必须率先行动，为时代积累可借鉴的成功经验。作为中国金融行业的巨头，中国工商银行率先垂范，向绿色未来迈出关键一步。他们用金融的智慧为这个美丽的时代添上了浓墨重彩。

廖林的演讲不仅仅是一场思想的碰撞，更是一份对未来的郑重承诺。他表示，中国工商银行愿意与全球金融业一道，成为绿色发展理念的引领者和实践者。他们期待将金融活水化作生态之水，为构建地球生命共同体、建设清洁美丽的世界，贡献新的更大力量。

在中国国际进口博览会的舞台上，中国工商银行不再仅仅是金融机构，更是未来画卷的描绘者与推动者。

他们即将发布绿色金融产品，这不仅仅是一次品牌的发布，更是一种理念的付诸实践。随着这些金融产品走向市场，越来越多的人开始认识到，在经济绿色转型的推动中，绿色金融将发挥重要作用。中国工商银行，作为这一领域的引领者，正引领着人们朝着实现成功的道路前进，这条路在每个中国工商银行员工平凡而伟大的工作与生活中得以清晰展现。

一天的工作在中国工商银行员工的晨会声中开始。中国工商银行安吉支行副行长作为晨会的组织者，引导着团队成员分享他们在走访和营销方面的工作情况。这个晨会成为他们忙碌一天的开始，也是协作、计划和决策的平台。

中国工商银行总部大楼

在晨会中，员工们汇报了他们前一天的走访经历。其中，一位员工提到了他们在彭湖村的走访。他描述了一个当地的露营基地，该基地通过前期的生态修复贷款取得了良好的经营成果。然而，现在基地主人希望进行扩建，并急需贷款资金。工商银行客户经理听后，马上提出了解决方案，认为只要企业经营状况良好，他们完全可以满足客户的签约时间的需求。

员工们纷纷表示，矿坑的位置相对较远，但工商银行客户经理并不见得认为这是问题。她指出，现在他们的服务已经不再需要客户亲自到银行，而是银行主动走向客户。因此，会议结束后，他们决定立即前往彭湖村，携带所需资料，希望在现场将贷款办理完成。

中国工商银行团队的作风是紧密合作和高效沟通。他们不仅仅是坐在办公室里处理

安吉县全景

文件，更是走出去，亲自了解客户需求，为客户提供最贴心、最迅速的服务。这种敏捷性和专业性使得他们在金融行业中脱颖而出，为客户创造了更多机会和便利。

在中国最美的县域之一，浙江省安吉县，绿水青山的理念得以完美体现。这个翠绿山水间，工商银行客户经理代表着中国工商银行，探寻绿色经济的契机。这片土地，曾经是一个以工矿为主的乡村，如今正在崛起为长三角的露营天堂。旅游业的蓬勃发展使得这里充满了生气和活力，而金融的支持则成为推动这个美好景区蓬勃发展的助力。

随着旅游经济的热潮，安吉正在努力打造长三角露

安吉万亩竹林

我的理想就是通过花时间和精力解决企业的问题，最终能有圆满的结果，特别是切切实实地为企业去把实际困难解决了，就会很有成就感。

——工商银行客户经理

营胜地。这片独特的绿色景区吸引了大批游客，特别是年轻人。周镇，一个当地村民，已经投身于旅游业的发展。他规划着矿坑改造项目，希望在这片土地上建立一个瀑布景区，让游客可以在湖上划船、感受自然的美妙。

工商银行客户经理和周镇在矿坑旁边详细地讨论着项目的规划。周镇展示了他的构想，包括建设瀑布、湖泊和游船。他希望能够得到银行的支持，加速项目的推进。工商银行客户经理则表示，中国工商银行将尽力提供金融支持，简化审批流程，确保项目资金的快速到位。他们的对话和协作，见证了这个美丽山水背后的努力与决心。

最终，在项目意向书上，工商银行客户经理和周镇的签字成为未来美好发展的印证。这不仅是一次金融支持，更是对绿水青山理念的践行，是对美丽乡村梦想的坚定支持。在中国工商银行的支持下，这片山水将焕发更强劲的生机，为游客带来独特的自然体验，也为当地经济发展注入了新的活力。

在山水林竹间，微风吹过，传统与变革在这片安吉的土地上交汇融合。中国工商银行的“绿色银行 +”计划，正引领着绿色金融的潮流，为安吉的传统产业带来新的机遇。工商银行客户经理，一位长期在中国工商银行工作的金融工作者，每天奔波在外，用她的辛勤付出，推动着安吉地区的绿色产业发展。

在安吉，竹子是一种宝贵的资源，也是这片土地上的特产。曾经，随着市场经济的冲击，传统竹编产品逐渐退出主流产业序列。但在这样的背景下，季金龙却选择了逆流而上。他的竹编工艺厂始终秉持着环保、手工制作的理念，生产出各种精美的竹制品。工商银行客户经理和季金龙一同参观了工厂，了解了竹编产品的独特之处。

这些竹编产品，不仅是环保的，也成了当地就业的机会。工商银行客户经理指出，竹林需要定期砍伐，而季老板的工艺厂正好可以将这些竹子进行加工，不仅保持了竹林的固碳功能，也创造了就业机会。而这一切，得益于中国工商银行的支持。季金龙感慨地说，中国工商银行的支持让他的工厂壮大起来，也让他更有信心将竹编工艺传承下去。

工商银行客户经理和季金龙一同探讨了竹编制品的环保性质。他们强调，这种产业不仅是环保的，也是地方经济发展的一个支柱。工商银行客户经理鼓励季金龙将这份传统技艺传承给年轻一代，同时，她也承诺会继续支持这样的环保产业，为安吉的绿色发展添砖加瓦。这样的对话，不仅是一次业务上的交流，更是一种文化的传承和绿色理念的共鸣。在这里，工商银行不仅是金融支持者，更是绿色产业的伙伴，共同推动着这片土地的美好与繁荣。

在安吉的竹海中，绿色金融的力量正在为这片土地带来新的活力。中国工商银行与当地政府合作，共同推出了全国首个县级竹林碳汇收储交易平台，将这片竹海的空气转化为宝藏。这项合作让竹农们开始

中国工商银行总部大楼

接受了这种全新的经济模式。

竹林，作为绿色资源的代表，在晚秋时节迎来了砍竹的季节。在浮塘村，村委会主任张星忙碌地组织着竹农们进行毛竹的砍伐。竹林碳汇交易平台的建立，为竹农们提供了一种新的经济收入来源。通过出售碳汇指标，竹农们得以获得实际收入，这项举措也为他们提供了更好的生活保障。

张星带着文件，走进一户农民家，耐心地解释着“竹林碳汇”的政策。在他的劝说下，村民们逐渐理解并签下了意向书，表示愿意加入“竹林碳汇”的计划。这项合作不仅让竹农们实现了经济上的增收，也为竹林

工人加工毛竹

我们竹乡，竹子多，竹编工艺一定要一代一代传承下去，国家政策帮扶，银行也支持，我肯定有信心做好！再教下一代年轻人去创业，把竹编产业做得更好。

——季金龙

的管理提供了更好的机制。这种新的经济模式给当地人民带来的信心和希望。通过这种合作，竹林不再仅仅是绿色资源，更成为一个充满希望和活力的经济支柱。在这个过程中，绿色金融的引领作用愈发凸显，为这片竹海的人文和经济之美共同铺平了道路。

在宁静的浮塘村，一场绿色金融的革命正悄然兴起。这不仅仅是一次政策的调整，更是一场源源不断的经济活水注入这个偏僻贫困村庄。中国工商银行湖州分行的行长助理温姚琪与浮塘村的村书记张星定期走访，共同探讨绿色金融方案的实施。

碳汇平台的搭建，为安吉的绿色经济构筑了一个强大的支撑系统。工商银行充分利用绿色金融的政策支持，向浮塘村提供了 200 万元的免抵押贷款，用于竹林流转前期的投入，进一步推动了竹林产业的发展。在与毛料厂老板的交谈中，温姚琪介绍了工商银行的信用贷款产品，为环保企业提供便捷、灵活的融资服务。这种新的金融服务不仅促使了绿色产业的蓬勃发展，也保护了当地的生态环境，实现了经济效益和生态环境的双赢。

我们的金融服务在引导当地产业往绿色方向发展，在获得更好的经济效益的同时，也要保护我们的生态环境。不仅促使小家（经济情况）变得更好，整个安吉县的“大家”，（生态环境）也是变得更加的美好了。

——温姚琪

在经过碳汇平台的运作后，浮塘村每年的竹林流转收益非常可观，不仅提高了村集体经济的收入，也改善了村民的生活质量。村书记张星感慨地说，如今山上绿树成荫，水也变得清澈，村庄的绿水青山再次恢复生机，村民的生活逐渐变得富裕起来。

长龙山抽水蓄能电站，这是绿色金融的又一成果。这场绿色金融的革命不仅仅是经济的发展，更是一种对生态环境的呵护，为浮塘村带来了新的希望和活力。在这个小小的村庄里，绿色金融不仅为经济带来繁荣，也使人们的生活变得更加美好。

在安吉的山水间，隐藏着无尽的经济潜力，这是一个充满着美好故事的地方。中国工商银行充分利用自身的资源和技术支持，助力安吉建设了现代化的抽水蓄电站集群，为大国重器赋能。

中国工商银行浙江分行绿金部副总经理方彬回访了长龙山抽水蓄能电站，看到这座电站已经在 2022 年 6 月 30 日投产发电，成为华东地区最大的抽水蓄能电站。他表示，十年前，这样的项目在浙江地区还相对较少。但得益于中国工商银行一直以来对绿色能源和清洁能源的大力支持，项目得以顺利推进。

在这一过程中，中国工商银行思考的不仅仅是经济效益，更是在深度思考：在这个时代，需要什么样的助力？下一个时代，需要怎样的战略布局？

电站的工程师李根解释说，这座电站就像是电网的一个充电宝。在用电低谷期，通过抽水把水储存到上库，形成势能，然后在用电高峰期，释放水能，将势能转化为电能。这不仅仅降低了燃煤量，减少了二氧化碳和二氧化硫的排放，也为未来提供了清洁能源。

然而，新领域的发展总是伴随着质疑和挑战。因此，中国工商银行以“敢为天下先”的精神，凭借自身规模和专业优势，在银团协调中推动了各方达成共识，

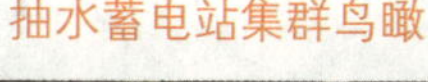

抽水蓄电站集群鸟瞰

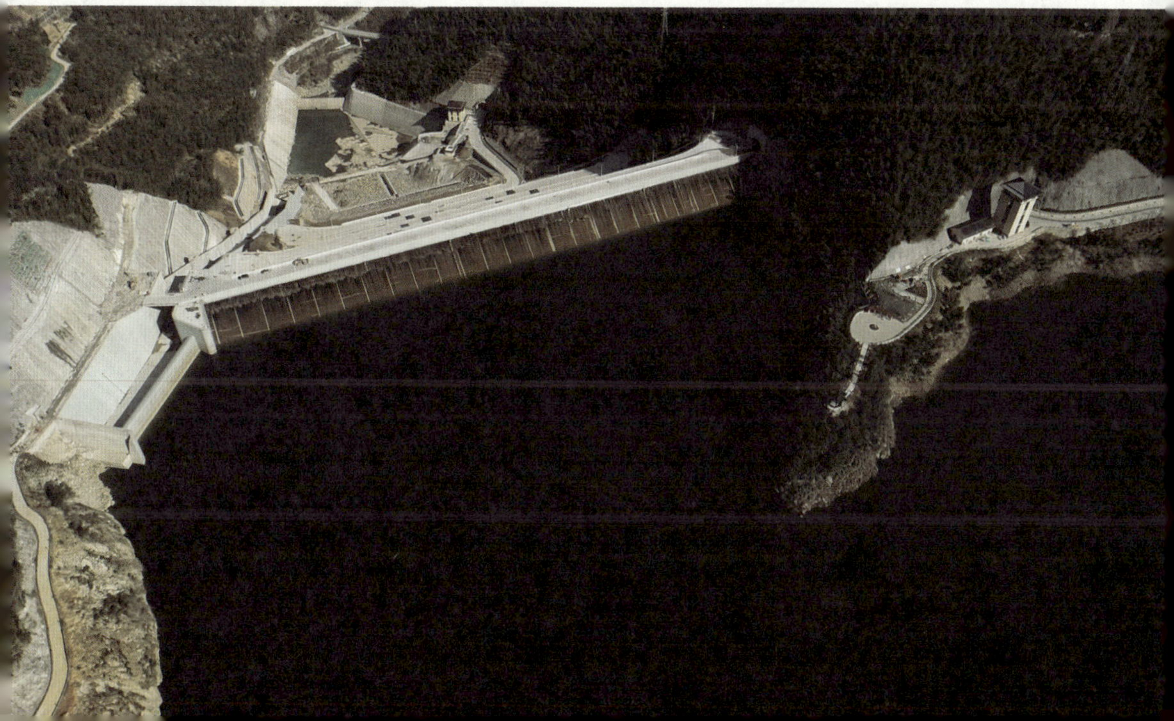

安吉山水

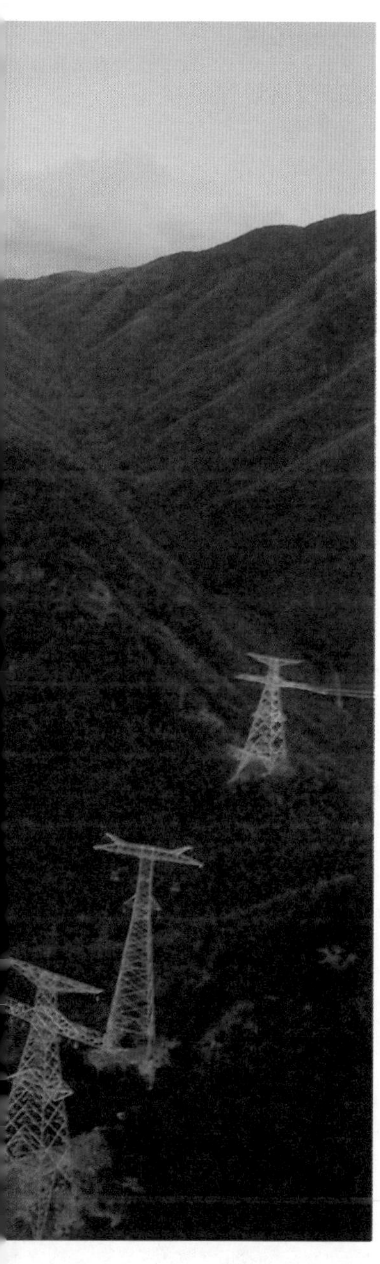

助力了项目的顺利推进。这种勇气和智慧，成就了这一令人瞩目的绿色工程。

在中国工商银行的积极帮助下，安吉县借助可持续发展理念，建立了华东地区最大的抽水蓄能电站集群。这个绿色的力量不仅为整个华东地区注入了活力，也在未来将继续助力安吉县打造世界级抽水蓄能电站集群，使得低碳可持续的大国重器在中国的各个角落绽放光芒。

中国工商银行的“绿色银行+”项目已经在全国范围内得到了广泛应用。在浙江分行，他们支持了浙能嘉兴1号300MW海上风电场项目；在新疆分行，他们融资支持了巴音布鲁克景区的低碳交通项目；在厦门分行，他们支持了厦门航空绿色建筑项目；在河北分行，他们贷款支持了承德围场坝上风电场建设项目；在湖南分行，他们支持了湖南军信集团的城市固体废弃物处理项目；在云南分行，他们支持了洱海治理项目。这些项目的背后，是中国工商银行持续的努力，为各行各业注入金融活水，让地球家园变得更加美丽。

绿色金融不仅仅是经济发展的助推器，更是将人与自然、人与人连接起来的纽带。中国工商银行以绿色金融为桥梁，让无数人在山水间找到了创业的机会、生活的乐趣，也在这个过程中拓展了对未来的憧憬。在全球气候治理进入关键阶段的今天，绿色金融作为应对气候变化的关键工具，不仅在推动全球经济的绿色复苏，也在引领发展方式向低碳转型的道路上发挥着积极的作用。作为全球系统重要性金融机构，中国工商银行积极担当起责任，主动践行绿色理念，统一行动框架，推动共建、共治、共享，为实现更美好的未来贡献着自己的力量。

中国工商银行作为中国最大的商业银行之一，成功地实施了强大的品牌建设战略，将其打造成为国际知名的金融机构之一。在金融企业品牌建设方面，中国工商银行的经验提供了许多宝贵的启示。

国家战略紧密结合。金融企业的品牌建设应该与国家战略发展紧密结合。中国工商银行充分把握中国经济快速发展的机遇，在国家“一带一路”倡议的框架下，积极拓展国际市场，推动中国金融走向世界，不仅为国家的战略目标提供了支持，也提高了企业在国际上的影响力。

服务实体经济。金融企业的核心使命是为实体经济服务。中国工商银行致力于为各类企业提供全方位、多层次、高效率的金融服务，包括融资支持、风险管理、国际贸易等，通过支持实体经济的发展，树立了良好的企业形象。

创新金融产品和服务。金融行业竞争激烈，创新是提升品牌竞争力的关键。中国工商银行不断创新金融产品和服务，例如移动支付、智能投资等，以满足不同客户群体的需求，增加了客户黏性，也提高了企业的市场份额。

社会责任。品牌建设不仅仅是商业利益的追求，还应该承担起社会责任。中国工商银行积极参与公益事业，支持教育、扶贫、环保等社会活动，树立了良好的

中国工商银行总部大楼

社会形象，增强了公众对企业的信任。

科技驱动。当今金融行业已经进入数字化、智能化的时代。金融企业需要加大科技投入，发展人工智能、区块链等新技术，提高金融服务的智能化水平，提供更便捷、安全的服务体验，满足客户不断升级的需求。

建立良好的企业文化。企业文化是品牌建设的内在动力。中国工商银行注重企业文化的塑造，强调团队合作、创新发展，形成了积极向上的企业氛围，激发了员工的创造力和忠诚度。

金融企业品牌建设需要紧密结合国家战略，注重服务实体经济，持续创新产品和服务，承担社会责任，引入科技驱动，同时建立积极向上的企业文化。这些因素的有机结合将帮助金融企业树立良好的品牌形象，提升市场竞争力，为持续发展奠定坚实基础。

扫一扫，观看视频

极氪　极氪进化

自主品牌的崛起，正让中国汽车工业迎来一个**崭新的发展**时代，极氪凭借核心技术自研、全球产业链整合、用户体验创新等方面的**厚积薄发**，后发而先至，正在逐步形成的**高端电动汽车**市场中，成为中国汽车工业的又一代表。

汽车，这项迄今为止最为复杂的大规模生产的消费工业品，承载着人类交通发展的历史与未来。在诞生一百多年后的现在，它迎来了一次全新的“物种进化”。这次变革的引领者之一是中国自主汽车品牌吉利，而在吉利旗下，一个崭新的巨子正崛起——极氪，他们正在飞驰在智能电动汽车的赛道上。

在中国的江南水乡乌镇，这个互联网“浓度”极高的地方，极氪选择了这里，发布了他们的第二款汽车。这个选择既是对历

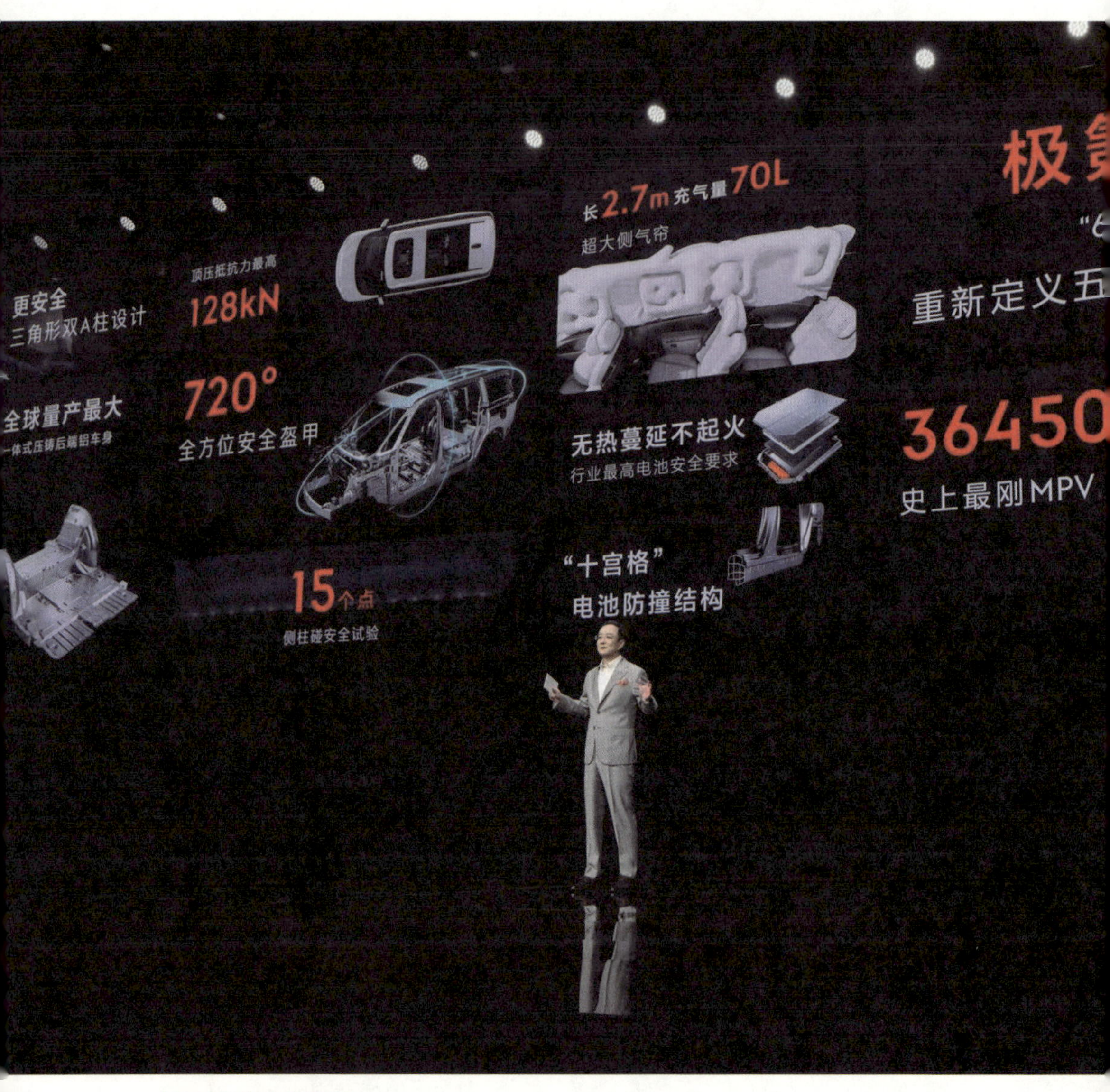
更安全
三角形双A柱设计
顶压抵抗力最高
128kN
全球量产最大
一体式压铸后端铝车身
720°
全方位安全盔甲
15个点
侧柱碰安全试验
长2.7m充气量70L
超大侧气帘
无热蔓延不起火
行业最高电池安全要求
“十宫格”
电池防撞结构
重新定义五
史上最刚MPV

极氪009发布会现场

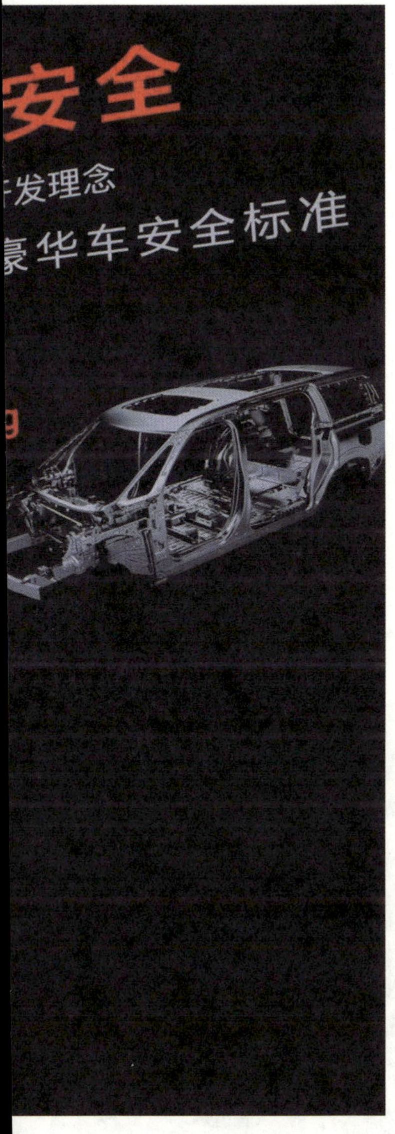

史文化的尊重，也是对未来科技的致敬。

2021年，吉利集团孕育了一个新生命，豪华纯电品牌“极氪”正式成立。老“吉利人”安聪慧，历经近30年的汽车行业洗礼，再一次挑起了重担，出任极氪CEO。这也是他代表吉利第三次挂帅，对新能源浪潮发起冲击。

极氪并不满足于已有的成绩，他们依托于吉利造车30年来积淀的基础经验和技术实力，同时借鉴了造车新势力的互联网用户思维，走出了自己的道路。这种与时俱进的姿态，为极氪的快速崛起奠定了基础。

2022年10月，“极氪001”车型月交付量突破了一万台，这标志着极氪已经在市场中占据了一席之地。极氪的成功源于多年积累下的深厚“内功”，特指极氪在汽车架构方面的造诣。

汽车架构并非简单的组装，而是一门复

杂的技艺。它运用相同的工程解决方案和模块化制造工艺，综合设计打造不同车型。打造一个完整的架构需要海量的资金和时间，然而，它带来的代际性创新却是打造产品竞争优势的关键。对于自主品牌来说，架构造车相当于是从“小米加步枪”的时代进入“飞机大炮”的时代。

早在2017年初，吉利就开始了“浩瀚智能进化体验架构”的打造，为未来的发展奠定了坚实基础。2021年，浩瀚架构核心团队加入了刚成立的极氪，成为推进纯电架构开发，驱动极氪冲击新能源浪潮的原动力。

极氪总装车间内景

朱方方向记者介绍生产线

在这个团队中，有一位助理总工程师朱方方。他曾在美国的一家石油公司工作，然而，他回国后见到了道路交通和汽车行业的巨大变化，萌生了跨行业参与到汽车行业变革中来的念头，他的激情和创新精神为浩瀚架构的研发注入了新的动力。

极氪的崛起，不仅代表着中国自主汽车品牌在智能电动汽车领域的一次巨大突破，更为整个汽车产业的未来描绘了一个光明而激动人心的画卷。他们的努力和创新不仅为中国汽车制造业赋予了新的生命，也为全球智能电动汽车的发展开辟了新的道路。在这个充满激情和变革的时代，极氪不仅是汽车产业的领跑者，更是创新与智慧的象征。

极氪，这个只有一年多历史的品牌，早已在电动汽

极氪焊装车间内景

车领域崭露头角。然而，选择在第二年发布第二款车型并进军豪华 MPV 细分市场时，他们面临的是一次艰巨的挑战。传统燃油车时代，MPV 车型因第三排座椅的布置常常导致安全性和舒适性的冲突。然而，极氪决心要打破这一困局。

在极氪的架构中心，一个专门的攻关小组成立了起来，由李天奇担任专项总工程师。他们着手研发一种一体式压铸车身零部件的工艺，这种技术不仅可以减轻车体重量，还能提高车体刚度。这项工艺最早由外国车企引入，现在成为行业内的新潮流。

而对于中大型 MPV“极氪 009”的车身设计，他们采用了目前全球尺寸最大的一体压铸车身部件。从立项到最终新车上市的时间只有不到一年，这种速度和挑战性让李天奇和他的团队备受压力。

利用虚拟仿真等先进技术，他们从初级概念设计到数据冻结只用了短短的 119 天。后期零部件的装车交付也仅用了不到 4 个月的时间。整个研发过程只用了 8 个月左右，他们实现了其他车企需要近两年才能完成的工艺研发，并且取得了新的突破。

眼下，极氪的工厂前正在一片忙碌的建设中。在这里，他们将建立全新的一体化压铸生产线，将李天奇和团队的研发成果大规模应用到生产中。

这段充满曲折和艰辛的研发历程，成了李天奇一家

李天奇工作现场

人的日常。他长时间未能回家，妻子和孩子的念叨却反而成为他坚持下去的动力。对于李天奇来说，驾驶自己亲手参与研发的车辆，载着家人去享受周末旅程，是一种浪漫。这份浪漫，正是他作为汽车工程师的最真实写照。极氪的不懈努力和创新精神，将为豪华MPV细分市场注入新的活力，也为电动汽车行业的未来开启了崭新的一页。

随着社会对环保和可持续性的重视，越来越多的人选择纯电动汽车，但是续航和安全问题仍然是消费者考虑的重要因素。解决这两个问题的关键在于电池技术的创新。在中国，潘福中是第一批从事新能源汽车动力电池研究的专家之一。

根据应急管理部消防救援局的最新统计，2022年1至10月份，全国共接报电动汽车火灾2105起，平均每天会发生7起。在这些事故中，有一半以上是由于电池或连接

浩瀚架构

线路引发的。为了解决这一问题，潘福中和他的团队投入了大量时间和精力，从电池的原机样品到模具件，再到可量产的量产件，历经 4 年的时间，他们打造出了自研的极芯电池包。

极芯电池包采用的高压单晶“NI55+ 电芯”降低了“镍”的含量，提高了电芯的热稳定性，从而增加了电芯的循环稳定性，降低了热失控的风险。为了确保电池的安全性，潘福中和他的团队打造出了“极芯电池包 NTP 无热蔓延”技术，实现了多层隔热、无障碍排热、实时防控、自动预警、主动冷却、毫秒断电等六大安

极氪汽车模拟图

我们相信，当产品最终超越用户的期待，眼前皆是蓝海。

——安聪慧

我非常喜欢开车，我对自己的定位是产品经理。通过对我们的产品亲身体验，才能够开发出更好的产品。

——安聪慧

全防护措施。这些技术的应用使得“极氪 001”在交付的 1 年多时间内，交付总量已经突破了 7 万台，而且未发生任何电池安全事故，截至 2023 年 11 月，极氪刷新交付 17 万台零自燃的行业纪录。

除了自主研发，极氪还与全球领先的动力电池制造商展开合作，共同推动新产品的开发和落地。“极氪 009”首次搭载了全新的 CTP3.0 麒麟电池，采用高镍加硅的化学体系，实现了更高的能量密度。通过水冷技术的改进和全新的气电分离设计，极氪提升了电池的安全性。这种创新的电池技术使得新的纯电汽车能够实现更安全、更长距离的行驶。

除了电池技术的不断进步，智能驾驶技术也是新能源汽车领域的另一大创新。虽然目前智能驾驶还不能完全取代驾驶员，但是基于辅助驾驶的自适应巡航和车道保持已经成为标配，并逐渐融入人们的日常出行中。这些技术的应用不仅提高了行车的安全性，也为未来实现

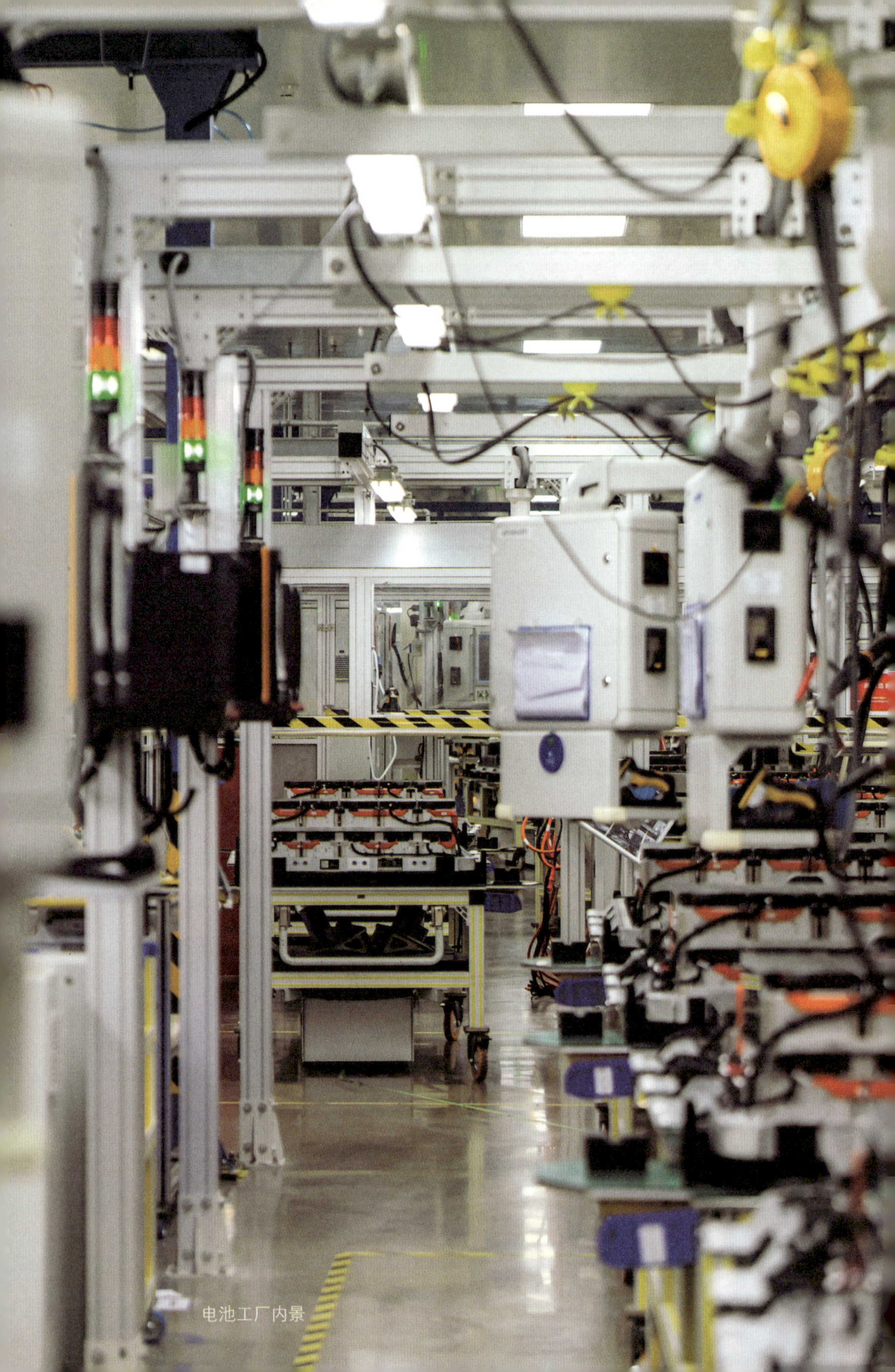
电池工厂内景

自动驾驶奠定了基础。这一系列创新无疑将引领新的能源汽车浪潮，为人们的出行带来更多便利与安全。

智能驾驶，这是一场对驾驶安全和出行方式的彻底变革，将重新定义人们对驾驶的认知。在这场革命的前沿，职场绰号“大白”的陈奇——分管智能驾驶的极氪智能科技副总裁，也是这场变革中的关键推动者。

相较于一些早期涉足新能源汽车领域的企业，极氪这个品牌在智能驾驶功能方面起步相对较晚。从品牌成立的那一刻起，陈奇与他的团队就全力以赴，力争实现对行业的迎头赶超。

作为一个国际化汽车集团的品牌主机厂，极氪已经与世界顶尖的智能驾驶供应商建立了紧密的合作关系。然而，在陈奇看来，自主研发的能力才是最为重要的。他不满足于办公室里的研究，每天都会亲自驾驶“极氪 001”和“极氪 009”样车，在行驶中亲身体验正在研发中的智能辅助驾驶功能。

通过这种实地体验，陈奇能够发现问题、记录反馈，与团队进行深入讨论，并及时修正。这种实践不仅是他的责任，更成了他的日常习惯。选择加入极氪，对陈奇而言并非简单的工作，而是对智能驾驶技术的极致追求。

在网络上，智能驾驶技术的发展也备受瞩目。越来越多的汽车企业竞相推出自主研发的智能驾驶解决方案，其中包括了自动驾驶、车道保持辅助等一系列颠覆性技术。这不仅提高了驾驶的安全性，也为用户提供了更加便捷的出行体验。随着技术的不断进步，人们期待的自动驾驶时代正逐渐临近，而在这个时代的驾驶座上，智能将成为最

智能驾驶系统示意

忠实的助手，也将彻底改变我们的出行方式。在变革的浪潮中，陈奇和他的团队正是智能驾驶技术的探路者和引领者，他们的努力不仅改变着汽车行业，也将影响着我们每个人的未来。

在汽车领域，成功的道路常常是由勇敢者和智者铺就的。朱方方，曾是一张白纸，如今却是一位独立带队进行技术攻关的项目总工程师。他的成长历程不仅是个人的蜕变，更是一个团队的奋斗历程，是极氪创新探索的缩影。每一次技术突破，每一款车型的成功发布，都让他离自己亲手造跑车的梦想更近一步。

而在极氪的团队中，李天奇是一位经验丰富的行业“老兵”。他在汽车领域打拼了二十多年，曾在合资和外资车企积累了丰富的经验，最终选择了加入民营自主品牌，成为极氪的支柱人才。他的决定代表了一个时代的变迁，代表了中国汽车工业的崭新方向。

而在电池技术领域，潘福中是一位电池专家，研究电池已经十几年。他的追求不仅仅停留在过去的成就，他渴望着下一个挑战，希望在新的项目中创造出更加先进的电池技

极氪智能驾驶导航界面

术，推动电动汽车行业的发展。

2022 年 11 月 1 日，“极氪 009” 正式发布，标志着极氪在电动汽车领域迈出了新的一步。自主品牌的崛起，不仅是中国汽车工业的新纪元，也是极氪自身努力的成果。极氪凭借核心技术自主研发、全球产业链整合、用户体验创新等方面的优势，后发先至，逐渐在高端电动汽车市场中占据一席之地，成为中国汽车工业的骄傲。

车轮不断转动，代表着一个品牌不断探索和进化的过程。在这个过程中，极氪不断实践创新，推动着整个汽车工业在开放与竞争中茁壮成长。未来充满了无限的可能性，我们始终在路上，探寻着汽车行业的未来。极氪，是这个未来的见证者和创造者。

极氪工厂全景

> 每一个大国，汽车行业都强。中国作为一个大国，汽车工业是不可缺少的。
>
> ——安聪慧

新能源汽车企业的品牌建设在中国国家发展战略中扮演着至关重要的角色。极氪作为一家新能源汽车企业，其品牌建设经验为我们提供了宝贵的借鉴。

首先，新能源汽车企业的品牌建设需要与国家发展战略相契合。中国政府一直以来都在积极推动新能源汽车的发展，提出了一系列的支持政策，包括减税、补贴等，为新能源汽车企业提供了良好的市场环境。极氪紧密跟随国家政策走向，将企业发展与国家发展战略相结合，充分利用政策红利，推动企业不断壮大。

其次，新能源汽车企业的品牌建设需要技术创新和产品质量的支持。极氪在技术研发上持续投入，推出了具有领先水平的智能电动汽车产品，满足了消费者对品质和性能的需求。高质量的产品不仅树立了企业形象，也增强了在国内外市场的竞争力。

此外，企业社会责任的履行也是新能源汽车企业品牌建设的关键。极氪积极参与公益事业，推动绿色出行理念，倡导低碳环保生活方式。通过社会责任的履行，企业赢得了社会的尊重和信任，形成了良好的品牌形象。

再者，新能源汽车企业的品牌建设需要注重用户体验和服务。极氪致力于提供便捷、高效、周到的用户体验，建立了完善的售后服务体系。用户的满意度和口碑传播是企业品牌建设中最为珍贵的资源，极氪的专业服务赢得了用户的信赖，提升了品牌价值。

新能源汽车企业的品牌建设需要与国家发展战略相结合，注重技术创新、产品质量、社会责任履行和用户体验。极氪作为典型代表，通过这些方面的努力，不仅树立了自身品牌形象，也为中国新能源汽车产业的发展树立了良好榜样。新能源汽车企业应不断学习借鉴，不断提升自身实力，为中国新能源汽车事业的繁荣作出更大贡献。

扫一扫，观看视频

后记

品牌是一个国家的宝贵资产

本书成稿之时，正值中央广播电视总台2024年“品牌强国工程”签约活动圆满结束之际，40余家中国优秀品牌再次携手总台“品牌强国工程”，共同讲好中国品牌故事，共同建设品牌强国。

《品牌强国之路》一书，讲述的正是“品牌强国工程”合作企业的品牌成长故事。品牌是一个国家的宝贵资产，品牌崛起是大国崛起的重要标志。“品牌强国工程”以“国家平台 强国品牌”为使命，致力于依托总台全媒体传播资源，打造新时代的国家级品牌。五年来，“品牌强国工程”携手优秀企业群体在中国经济这艘行稳致远的巨轮上，发挥出中流砥柱的重要作用。

“品牌强国工程”汇聚了各行各业的优秀品牌，如金融行业的中国工商银行、中国农业银行、中国银联；通讯行业的中国移动、中国电信、中国联通；手机行业的华为、荣耀、小米；家电行业的格力、海尔；汽车行业的一汽、吉利、长城汽车；乳品行业的伊利、君乐宝；食品行业的中粮、鲁花、金龙鱼、双汇；电商行业的阿里巴巴、京东、美团、拼多多；白酒行业的茅台、五粮液、泸州老窖、郎酒等，这些品牌均以领军者身份，持续引领行业高质量发展。

以格力、海尔为例，两家企业多年携手“品牌强国工程”，牢牢占据中国家电市场1/4的份额，为亿万消费者持续提供高品质家电产品；在手机通信行业，华为今年突破了芯片的技术壁垒，推出多款重磅新品，引发海内外广泛关注；在电商行业，阿里巴巴全球业务增长强劲，今年淘宝双11全周期累计访问用户数超8亿，创下历史峰值；在汽车行业，吉利汽车深化全球市场战略布局，2023年上半年海外汽车出口量再创新高；长城汽车向新能源及智能化转型，高价值产品推动品牌向上，今年前三季度净利润大增。

作为由中央领导授权中央广播电视总台牵头、与相关国家部委共同推动品牌建设的一项国家工程，“品牌强国工程”始终把企业的市场利益与主流媒体的传播价值深度结合，始终把企业的短期目标与长期追求高度统一，始终把企业与党和国家的使命聚合成一个梦想、通过国家媒体来广泛弘扬。

五年前，在首届“品牌强国工程”发布活动上我曾说过，“品牌强国工程”的目标是要发现、培育、提升一批中国优秀品牌，让这些优秀品牌在自我强大的过程中助力实现国家的强大和兴盛，在提高自我竞争力的同时提高国家竞争力，在参与全球竞争的同时实现国家与世界经济文化的交流互鉴。五年来的实践表明，“品牌强国工程”始终不忘初心，牢记使命，久久为功，正向着梦想一步步迈近。

而《品牌强国之路》一书，记载的正是“品牌强国工程”这支队伍诠释中国实力、凝聚中国智慧、引领中国品牌发展的故事，它通过追踪记录、深度访谈、典型人物特写等方式，展示中国品牌开拓创新的时代精神和积极服务国计民生的社会责任。每个企业篇章都独具特色、叙事生动，凸显企业最与众不同的品牌特质与增长路径，相信对于业界和学界均有一定的研究和应用价值。

在本书出版之际，我要向五年来给予“品牌强国工程”关怀指导的国家发展和改革委员会、工业和信息化部、商务部、国务院国有资产监督管理委员会、国家市场监督管理总局、国家广播电视总局等国家部委表达最由衷的敬意，是你们对“品牌强国”历史使命的深刻把握和对“品牌强国工程”项目的关心支持，让这项国家传播工程从无到有、结出硕果，开启了“中国产品”向“中国品牌”转变升级的新征程。

我要向中央广播电视总台领导和总台各相关部门领导表示最炽热的致敬，是你们将打造中国品牌、增强中国品牌全球影响力视为总台义不容辞的责任，在过去五年为“品牌强国工程”提供坚实的平台后盾和源源不断的资源支持，将总台独有的影响力价值、文化价值和市场价值转化为市场赋能与解忧品牌的传播战略，为“品牌强国”留下了属于中央广播电视总台的独特印记。

我要向数十家“品牌强国工程”头部企业和企业家表示最诚挚的致敬，是你们坚信中央广播电视总台独一无二的融媒体传播价值，怀抱“与时代同行”的信仰，铸造声名远播、美名远扬的强国品牌之魂，与总台携手乘势而上、做大做强、光耀世界，激发出中国品牌的无穷魅力，为中国企业深度参与全球经济文化交流打造了一批成功样本。

我要向央视创造传媒表示衷心感谢，是你们和中央广播电视总台总经理室一起，精益求精、一丝不苟地制作出《品牌强国之路》专题纪录片，将中国优秀品牌定格成光辉影像广为传播，也才有了后续这本图书的出版。我要向中国出版集团研究出版社团队表示衷心感谢，是你们和时间赛跑高效完成了本书的编辑出版工作。

品牌是企业竞争的核心要素，优秀品牌是国家的名片，中国经济高质量发展必须大力实施“品牌强国”战略。以焕新迭代的“品牌强国工程”助推“品牌强国”战略目标实现，是中央广播电视总台矢志不渝的理想。

需要指出的是，限于时间和水平，本书的撰写难免有所疏漏和缺憾，敬请读者批评指正。

中央广播电视总台总经理室常务副召集人　**任学安**

2023 年 11 月 18 日